This is
Learning Experience Design

What it is, how it works,
and why it matters

学习体验画布
设计直击人心的学习体验

［荷］尼尔斯·弗洛尔 ◎著
　　　（Niels Floor）

郭曼文 ◎译

Authorized translation from the English language edition, entitled This Is Learning Experience Design: What It Is, How It Works, And Why It Matters, 978-0-13-795073-7, by Niels Floor, published by Pearson Education, Inc., Copyright © 2023 by Pearson Education, Inc. or its affiliates.

All rights reserved. No part of this book may be reproduced or transmitted in any form or by any means, electronic or mechanical, including photocopying, recording or by any information storage retrieval system, without permission from Pearson Education, Inc.

Chinese simplified language edition published by China Machine Press, Copyright © 2024.

Authorized for sale and distribution in the Chinese mainland only (excluding Hong Kong SAR, Macao SAR and Taiwan).

本书中文简体字版由 Pearson Education（培生教育出版集团）授权机械工业出版社在中国大陆地区（不包括香港、澳门特别行政区及台湾地区）独家出版发行。未经出版者书面许可，不得以任何方式抄袭、复制或节录本书中的任何部分。

本书封底贴有 Pearson Education（培生教育出版集团）激光防伪标签，无标签者不得销售。
北京市版权局著作权合同登记　图字：01-2023-3010 号。

图书在版编目（CIP）数据

学习体验画布：设计直击人心的学习体验 /（荷）尼尔斯·弗洛尔（Niels Floor）著；郭曼文译. -- 北京：机械工业出版社，2024. 9. -- ISBN 978-7-111-76213-3

I. G442-49

中国国家版本馆 CIP 数据核字第 2024XS7812 号

机械工业出版社（北京市百万庄大街 22 号　邮政编码 100037）
策划编辑：王　颖　　　　　　　　责任编辑：王　颖　单元花
责任校对：王小童　马荣华　景　飞　责任印制：常天培
北京科信印刷有限公司印刷
2024 年 10 月第 1 版第 1 次印刷
185mm×205mm · 10.66 印张 · 1 插页 · 230 千字
标准书号：ISBN 978-7-111-76213-3
定价：99.00 元

电话服务　　　　　　　　网络服务
客服电话：010-88361066　机　工　官　网：www.cmpbook.com
　　　　　010-88379833　机　工　官　博：weibo.com/cmp1952
　　　　　010-68326294　金　书　网：www.golden-book.com
封底无防伪标均为盗版　机工教育服务网：www.cmpedu.com

译者序

你为什么总是不想学习？

设想这样一个场景：现在摆在你面前的左边是一个平平无奇的干巴面包，而右边是色香味俱全的饕餮大餐，你会选择哪一个？

很显然，干巴巴的面包只能强行下咽，而饕餮大餐不仅能够令人胃口大开、享受美味佳肴，还能在日后回味无穷。学习也是一样，一味地填鸭式灌输，自然令人感觉枯燥乏味。一贯如此，不代表应当一直如此。

你是否曾被一部千回百转、令人潸然泪下的小说深深打动，或是观看过一场生命力炸裂的万人演唱会而久久无法忘怀，抑或是目睹过一场惊心动魄的巅峰体育赛事而兴奋不已？这些超一流体验的背后都是精心设计的结果。

为什么学习不能是这样？为什么不放下味同嚼蜡的信息堆叠、死记硬背，让学习也成为引人入胜的求真探索、成为让人身心通透的启发之旅？

本书希望为你打开新世界的大门，换个角度重新看待学习。

本书是我翻译的有关学习的第三本书。大约十年前，当我还在斯坦福大学读书时，就已经接触到了学习体验设计（Learning Experience Design，LXD）这个概念。那时候，移动互联网时代的用户体验设计（User Experience Design，UXD）刚刚兴起，但是人们已经开始探讨：既然有用户体验设计，为什么不能有学习体验设计？为什么学习者总是迫于无奈地被动接受学习，而不能敞开胸怀地主动拥抱学习？

答案是：当然可以。事实上，体验设计也是未来经济的发展方向。纵观人类社会历史，一共经历了四个经济时代：农业经济时代、工业革命引发的工业经济时代、发达工业催生的服务经济时代，以及接下来的由追求生命意义而渴望更加美好体验的体验经济时代。

本书可以帮助你迅速搭建起一个新的思维框架，了解学习体验是什么、怎么用。书中提供的学习体验画布（LX Canvas）工具就是一个抓手，利用它你可以一边思考一边实践。

由此入门，你会发现这里面别有洞天，小细节中蕴含着大学问。例如，何时开启学习就相当有讲究。只有当人们的好奇心、求知欲和学习动力被真正激发出来时，学习的能量状态和知识的吸收效率才能达到巅峰。这需要设计，才能让学习者进入这样的认知状态。如此看来，设计一段出色的学习体验，并不比拍一场电影、安排一场演出或者组织一场赛事更容易！

我们对于"学习"的理解与要求也要与之升级。第一层的学习是知识的获取与传递，解决的是"知不知道"的问题。第二层的学习是知识的加工与处理，解决的是"理不理解"的问题。而第三层的学习是知识的融会贯通与知行合一，解决的是"会不会用"的问题。要想实现不同层级的学习目标，学习体验也要随之升级，以变得更加真实立体。

请不要忘记，学习体验设计是以"人"为中心展开的。要想设计出色的学习体验，需要始终把注意力放在人身上。深入了解人是怎么学习的，更有利于设计出有效的学习体验——为什么要学习？怎样才能高效地学习？这也正是我一直以来的研究领域，正是为了设计出直击人心的学习体验。感兴趣的读者请参见由我翻译的《科学学习》，以了解更多人类的核心学习机制，这些机制为设计出科学的学习体验设计打下了坚实的基础。

我希望本书能够将学习体验设计这个新概念带给更多的读者，因为学习一定是当今乃至未来时代每个人通往美好生活的必经之路。希望我的这一点点努力能够助力打破对于学习传统的刻板印象,让潜在的创新与机遇萌生于更加多元的学习体验之中,世界也将更加生机盎然。

希望你享受这个旅程并乐在其中,也感谢你让我有幸成为其中微小的一部分。让学习之光照亮人生,人类的群星更加闪耀。

郭曼文

前言

凡事之开始,是为一切之起点。

——柏拉图,哲学家

此时此刻,你翻开了这本书,这个小小的举动,可能会成为你学习历程中的一个关键转折点。事实上,这场以人生为长度的旅程,在你翻开本书之前早已开启。

本书不只是关于学习体验设计,更是关于在精通学习体验设计之路上你即将迈出的下一步。

阅读本书可以帮助你掌握学习体验设计的核心理念。然而,仅仅是读,显然是不够的。只有你开始将自己的所学所感进行实践、与他人分享,书中的内容才能为你用。学习体验设计领域蕴含着大量有待探索挖掘的宝藏,而本书将会为你指明方向。

你可能会感到好奇,我为什么要写一本关于学习体验设计的书。难道学习体验设计不应该是采用某种创新科技吗?为何要采取传统的书本形式?非也。其实,媒介的先进程度与其有效性并没有直接的关系。与其刻意地追求新颖,我关心的反而是哪种形式最利于实现学习目标,在这个前提下再为你提供卓越的学习体验。图书这种媒介,看得见摸得着,内容结构清晰,而且任何人都可以轻松获取。更何况千人千面,每个人都有着自己的偏好。有些人喜欢读书,而有些人更喜欢看视频或玩游戏。本书正是助你成为学习体验设计师所准备的众多资源之一。

除此之外,本书的另一大优势其实是从我作为作者角度而言的。我投入了数年的时间来撰写本书,在这个过程中,我不仅有效地整理了思绪,也加深了对学习体验设计的理解。

为什么要阅读本书

请相信我，选择本书的理由有很多，比方说你是：

- 一名正在为了应对当今教育挑战寻找新思路的教育工作者。
- 一位希望将自己的创新才能应用到学习领域的设计师。
- 一名希望提升学生学习参与度和积极性的老师。
- 一家需要适应全新的市场环境的企业组织。

正如你所见，学习体验设计不仅吸引了教育领域和有创意背景的专业人士，还吸引了其他各行各业的人。我在实践、教授学习体验的过程中，获得了来自世界各地的朋友们、学习者，以及合作者的帮助，也正是在他们的鼓励下，我撰写了本书。

尽管你我之间存在许多差异，但至少有两点是一致的：对学习的热爱和创造出更好的学习体验的渴望。

我真心相信，本书可以帮助你提升对学习的热情，并且提高你设计出的体验的品质。我很荣幸，能够陪你走过这段学习之旅，并在途中时刻为你指引方向。

怎么阅读本书

阅读本身就是一种体验。

在正式阅读开始前，你也许希望为即将开启的旅程做好准备，选择一条能够带领你抵达目的地的正确路径。这里我为你提供了随意漫步、徒步旅行、短跑冲刺、攀登顶峰四条阅读路线，助你顺利启程！

随意漫步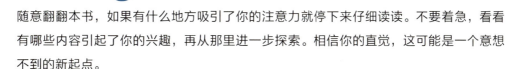

随意翻翻本书，如果有什么地方吸引了你的注意力就停下来仔细读读。不要着急，看看有哪些内容引起了你的兴趣，再从那里进一步探索。相信你的直觉，这可能是一个意想不到的新起点。

如果你对学习体验设计还不太熟悉，正在寻找头绪，那么这条自由探索的阅读路线会很适合你。

徒步旅行

换上一双徒步鞋，走一条已经铺好的路。选择一条路线，接受沿途遇到的挑战。不要害怕绕路去前往一些计划之外的地方，因为这有可能会引领你通往一个令人惊喜的美丽景点。如果你对学习体验设计有所了解并且清楚自身的兴趣点，那么这条"徒步旅行"的阅读路线会很适合你。

在这条阅读路线下，你可以从理解学习体验设计的重要性开始，然后了解学习体验设计的九大原则，再到历经学习体验的设计过程和接触学习体验画布。

短跑冲刺

此时的你知道自己想要什么，并且已经准备好了，可以马上行动，你会选择想要精通的部分来深入研究。

如果你已经知道在学习体验设计中想要获得什么，并希望立刻投入实践，那么这条"短跑冲刺"的阅读路线会很适合你。

在这条阅读路线下，你可以从学习体验画布、设计工具（用户画像、共情地图、体验地图）和案例研究开始。

攀登顶峰

深吸一口气，开始攀登，一气呵成！翻开第一页，不停歇地阅读本书到最后一页。当你到达顶峰时，一览众山小的美景将会是你坚持与努力的犒赏。

如果你希望在学习体验设计中打下坚实基础，并考虑长期从事这方面的研究，那么这条"攀登顶峰"的阅读路线会很适合你。

在这条阅读路线下，你可以从感受学习体验的力量——坏脾气小男孩的故事开始。

选择权就在你手中，无论选择哪条阅读路线，都请记得享受这段美好的学习之旅！

本书的成功出版，不仅是我个人的殊荣，更是学习体验设计领域发展中的一个里程碑。为什么这么说？因为就目前而言，学习体验设计仍然相对小众，人们对它是什么、如何操作以及为什么重要，依旧存在疑问。我希望本书能为所有对学习体验设计感兴趣的人提供清晰的介绍、学习体验设计存在的价值以及明确前进的方向。

准备开始吧，祝你的学习之旅充满精彩！

致谢

写书虽然是一项极其孤独的工作，但要将这个梦想变为现实，需要一大群人的参与和努力。我深深感谢所有人，包括下面提及的每一位。

Pearson/New Riders 出版社

作为首次出书的作者，我有太多东西要学。劳拉·诺曼（Laura Norman）及其同事让本书成为可能。玛格丽特·安德森（Margaret Anderson）为我提供了宝贵指导。朱莉·狄尔森（Julie Dirksen）为我提供了宝贵反馈和专业知识，以及金·斯科特（Kim Scott）为此书呈现了精美的版式设计。

塑造者们

这么多年来，我经历了很多，如果没有他们，我永远不可能走到今天。他们的奉献、才华和友谊对我意义重大。特别感谢汉娜·德·孔宁（Henna de Koning）、莉克·布雷默（Lieke Bremer）、马丁·范·布罗霍芬（Maarten van Broekhoven）、维塞琳·德·格鲁特（Wesselien de Groot）、罗恩·瓦尔斯塔尔（Ron Valstar）、桑德尔·法利斯（Sander Falise）、安妮·范·埃蒙德（Anne van Egmond）、安妮米克·奥辛加（Annemiek Osinga）、卡塔里娜·赫尔佐格（Katharina Herzog）、菲克·斯卢伊斯（Fieke Sluijs）和袁燕蔡（Yuen Yen Tsai）。

学习体验设计社区

我每天都与来自世界各地对学习体验设计充满热情且杰出的成员们交流。感谢大家的大力支持。以下几位我特别想要感谢：

开创学习体验设计是一条长而艰难的道路，感谢威廉姆－詹·仁格（Willem-Jan Renger）一直在我身边，并给予了我极大的帮助。感谢伊娜·范德·布鲁格（Ina van der Brug）及其在乌特勒支艺术学院的同事们，他们对学习体验设计的发展至关重要。

感谢新加坡南洋理工学院的阿尔伯特·林（Albert Lim）邀请我，并在亚洲推广学习体验设计。我与他及他出色的团队合作非常愉快，包括加里·陈（Garry Tan）、雪莲·吴（Shirlyn Goh）、吉娜·郑（Gina Tay）和安妮·吴（Annie Ng）。

多年来，有很多人帮助组织和举办了 LXDCON（LXD 社区）。我要向汉内克·范登·布鲁克（Hanneke van den Broek）、雷姆贝特·西尔克斯玛（Rembert Sierksma）、阿文·范普顿（Arwen van Putten）、埃弗特·霍根多恩（Evert Hoogendoorn）、修约德·洛瓦尔斯（Sjoerd Louwaars）、阿莱特·巴特曼斯（Alette Baartmans）、莫尼克·斯奈德（Monique Snijder）、莱昂廷·范·梅尔（Leontien van Melle）、丹尼克·博斯（Daniek Bosch）、弗兰克·莱昂（Frank Léoné）、马尔科·范·霍特（Marco van Hout）、埃里克·穆伊（Erik Mooij），以及所有出色的志愿者们和全体贡献者们表示深深的感谢。让我们携手将学习体验设计传播到世界各地。

还要感谢那些能让我做自己喜欢工作的支持者们，包括斯特凡妮·克拉内费尔德（Stephanie Kraneveld）、温迪·范·埃尔德克（Wendy van Eldijk）、塔米·塔努米哈尔贾（Tammy Tanumihardja）、卡塔里娜·梅纳特（Katharina Meinert）、阿德拉·乔治斯库（Adela Georgescu）和阿丽娜·方（Alina Fong）。

我的家人

感谢金（Kim）、埃琳娜（Elena）和安尼卡（Annika），我无法用语言表达对他们的深深爱意。我的母亲、我的父亲和桑德尔（Sander），我很幸运他们出现在我的生命中。

目录

译者序
前言
致谢

页码	章 / 标题
1	**第 1 章　感受学习体验的力量**
4	坏脾气的小男孩的故事
6	从中获得的领悟
8	你有哪些难忘的经历
10	**第 2 章　为什么学习体验设计很重要**
13	对美好体验的热爱
13	体验的品质
15	是否值得
16	进化中的设计
16	设计伦理
17	设计师的角色
18	科技创新与教育
19	勇往直前，拥抱变化
20	全新的视角
21	设计师的视角
21	以不同的角度观察
22	设计师的关注点

页码	章 / 标题
23	创新之途
24	更好的学习成果
26	学习体验设计至关重要
28	请牢记学习体验设计的九大原则
40	**第 3 章　学习体验设计是这样的**
42	定义学习体验设计
43	体验（经历）
43	设计
44	学习
45	以人为本
45	以目标为导向
47	学习体验设计的起源
48	专业领域
51	这里还缺少什么
53	学习体验设计与其他领域的不同之处
54	提升界定的明确性
54	尊重每个领域的独特价值
55	从其他领域中学习

页码	章 / 标题
55	确保学习体验设计的未来发展
57	学习体验设计与教学设计
57	视角
58	技能
58	方法
60	工具
61	成果
62	学习体验设计与用户体验设计
62	区分用户与学习者
64	不同类型的体验
65	简单与挑战性
66	学习体验设计与设计思维
68	学习体验设计师
69	学习体验设计师的实力
71	精通学习体验设计
74	你是谁
76	**第 4 章　体验式学习的必修课**
80	体验式学习理论
81	体验式学习的四个核心要素
82	从具体到抽象
83	从内在思考到积极行动
85	存在、观察、理解与行动
85	存在
85	观察
85	理解
86	行动

页码	章 / 标题
87	洞察、知识、技能和行为
88	在森林中悠然漫步
89	始终为学习者着想
90	**第 5 章　设计学习体验**
93	重塑认知
95	学习体验设计的过程
95	第一步：提问
96	第二步：研究
96	第三步：设计
96	第四步：开发
96	第五步：测试
96	第六步：启动
98	提问
98	提出正确的问题
99	"五个为什么"方法
101	研究
101	你不是你设计的对象
102	桌面研究法
103	在线民族志学法
104	问卷调查法
105	情境观察法
106	访谈法
107	焦点小组法
108	设计
108	发散构思
111	聚拢构思

页码	章 / 标题	页码	章 / 标题
111	概念化设计初稿	134	学习目标
112	详细设计	134	参与者画像
114	共创	135	人群特征
116	开发	135	学习地点
117	原型制作	135	学习环境
118	快速原型制作	136	可用资源
119	开发的小建议	136	制约因素
120	测试	136	设计策略
121	持续测试，受益匪浅	136	学习活动
123	启动	137	过程设计
123	控制	138	学习成果
123	规模	139	将学习成果落实到笔头上
124	准备启动	141	学习成果示例
124	开始启动	143	学习目标
125	协助你完成这个过程的工具	143	四种类型的学习目标
		145	设定学习目标
126	**第 6 章　学习体验画布**	148	参与者画像
129	学习体验画布介绍	148	参与者
130	学习体验画布辅助设计过程	148	利益相关者
130	辅助整体架构设计	149	列出参与者
130	提供清晰的概览	151	人群特征
130	引出最佳决策	151	描绘人物特征
131	简单易用	153	学习地点
131	用途广泛	154	选择合适的地点
132	学习体验画布的结构	155	虚拟环境
134	学习体验画布的元素概览	155	地点选择的示例
134	学习成果	157	学习环境

页码	章 / 标题
158	分析学习环境
161	可用资源
161	列出资源
162	寻找资源
163	挑选资源
164	制约因素
164	制约类型
166	确定并应对制约因素
168	设计策略
168	制定策略
169	策略的分类
170	区分策略与活动
171	推迟构思
172	学习活动
172	以策略为出发点
173	构思
174	过程设计
174	何时开始学习体验
175	何时开始学习活动
176	学习者之旅
177	使用学习体验画布
177	使用学习体验画布的场景
177	选择适合的方式
179	享受学习体验画布的乐趣
180	**第 7 章　三款强大的设计工具**
183	用户画像
184	用户画像的优势
185	构建用户画像
188	用户画像的真实案例
193	共情地图
193	以共情地图为工具
194	完成共情地图
195	需要了解的重要事项
196	共情地图的真实案例
199	体验地图
200	绘制学习体验地图
203	学习体验地图的真实案例
207	选择合适的工具
208	**第 8 章　案例研究**
211	案例一：引人入胜的在线学习
211	提问
212	研究
212	设计
213	开发
213	测试
213	启动
213	结果
214	经验总结
215	案例二：具有教育意义的休闲游戏
215	提问
216	研究
217	设计

页码	章 / 标题	页码	章 / 标题
218	开发	223	启动
218	测试	223	结果
218	启动	224	经验总结
218	结果	**226**	**第 9 章　学习旅程的下一站是**
219	经验总结	230	难以回答的问题
220	案例三：具有社会价值的严肃戏剧	233	坚定地走下去
220	提问	233	取其精华
221	研究	234	全力以赴
221	设计	234	勇于尝试
222	开发	235	付诸实践
222	测试		

第 1 章

This Is Learning
Experience Design

感受学习
体验的
力量

> 一个人不可能两次踏进同一条河，因为河已不是原来那条河，人也不再是原来的那个人。
>
> ——赫拉克利特（HERACLITUS），哲学家

每一天，我们的生活都充满了各式各样的经历与体验，有些微不足道、转瞬即逝，不经意间就被我们忽视、遗忘；有些却震撼心灵，强大到足以改变我们的人生轨迹，让我们朝着更好的方向发展。这就是经历的力量，而这股力量就在我们每个人的手中。

在找工作时，简历中的个人经历是关键的一部分。你过去的经历，对于任何一次面试都至关重要。没有相匹配的履历经验，是很难获得梦寐以求的工作的。然而，反观我们现在的学习体系，似乎并不是一种体验式的学习经历，而是一种高度系统化、有序且线性推进的学习模式，且是建立在学习目标、学科主题、课程大纲、评价标准、分数结果，以及学历文凭等基础之上的。然而，现实生活中充满了复杂性、不可预见性，甚至有时是混乱的，这与高度秩序化的学习体系显得格格不入。或许，这能解释为什么对于一些学生来说，上学的过程会显得与己无关、单调乏味，甚至是令人挫败的。这种高度制度化的学习方式，很难引起人们的共鸣。

相信我们中的很多人在上网课的时候，也都是守在计算机前，一路点击"下一步"完成的。即便（甚至是因为）这类课程的安排方式既符合逻辑顺序，又容易上手，可依旧乏善可陈，无法激发人们的学习热情。

我坚信，人人都是热爱学习的。每个人内心都有一股抑制不住的力量，驱使着我们去探索、去学习那些自己感兴趣的事物。要知道，人们可以花费数年的时间去学习如何演奏一种乐器、怎样修复一辆古董车，或者从零开始创立一家公司。设想一下，从那些令人激动人心、让人身心投入、启迪人心灵的体验中学习，又会是怎样的情景？这就是本书要探讨的主题。让我们一起来设计那些令人难忘的学习体验吧！

设计一种学习体验，也是一份极具责任感的工作。这份责任，不只是提供教学指导或者教学设计，更是要对整个学习过程负责，从开始到结束，甚至更久。对于发生的一切，学习者做了什么、感受到了什么、学到了什么，以及学习成果如何影响他们的人生，你都要有所考量。

假设你是一名设计师，你做出的选择和创设的体验，都能对学习者产生持久的影响。显然，你的目标应当是产生积极的作用，为学习者设计出一段他们认可的、令他们享受的且难忘的体验。话虽如此，却是知易行难。但我相信这是完全可以实现的，因为我曾亲眼见证过许多影响深远的学习体验。我自然也创设过这些成功的学习体验，所以你也可以。你需要的不过是一个全新的视角、一套系统的方法、一些有效的技巧，以及一些能助你真正释放体验力量的工具。阅读本书，并把你学到的知识运用到实践中，你也将顺利开启自己的学习体验之旅。

坏脾气的小男孩的故事

从前，有个小男孩，他脾气非常暴躁。他的坏脾气总是让他父母和姐姐感到头疼。比如，他每次心情糟糕时，就会打打闹闹、大声喊叫，甚至打坏东西。

令人无奈的是，这个小男孩很容易就会心情不好，时不时就会惹是生非。下面讲的就是这位坏脾气的小男孩的故事。

一天，这个脾气暴躁的小男孩的父亲对他说："儿子，我有个特别的礼物要送给你。"他递给小男孩一把锤子和一盒钉子。小男孩感到困惑，不明白这把锤子有什么特别之处。他的父亲淡淡地答道："这把锤子很有效果，肯定能帮到你。"小男孩疑惑地问："这能怎么帮助我？"

父亲带着小男孩走到花园的围栏前，解释道："下次你心情不好的时候，拿起这把锤子，把你的怒气（钉子）都钉在这个围栏上。"

没过多久，当小男孩发怒时，他抓起锤子，冲到花园，开始向围栏上不停地钉钉子。他钉了许多钉子，直到全部怒气释放完，他才平静了下来。他对自己说："这方法还真不错，我现在感觉好多了。"

然而，这种平静并没有持续很久。没过多久，他又心情不好了，于是他再一次跑到花园向木围栏上钉钉子。在接下来的几天里，他反反复复做了好几次这样的事情。

然而，随着时间的推移，男孩突然意识到一件事。他跑去围栏的次数逐渐变少了，而且每次钉的钉子也比一开始少了很多。他真的学会控制自己的脾气了吗？

男孩对自己的进步感到无比自豪,终于有一天,他完成了一个自己都没想到的挑战:他一整天都没有生气!他把父亲叫到花园,高兴地说:"爸爸,我昨天一颗钉子都没钉!"

父亲微笑着说:"这确实值得庆祝!这样吧,作为你成长的见证,如果你一天没有生气,就可以从围栏上拔出一颗钉子。每拔出一颗钉子,都要记住我为你感到骄傲,你自己也应该为自己的改变感到自豪。"

就这样,日复一日,木围栏上的钉子被一颗颗地拔了出来。尽管过程漫长,但那个特别的日子终于到来了,小男孩即将拔出最后一颗钉子。他高兴地叫道:"爸爸,快过来看!我成功了!"他的父亲静静地看着他从围栏上拔出最后一颗钉子。

小男孩充满自信地说:"我想我现在已经明白了您的意思了。"他的父亲缓缓地回答道:"儿子,还有一些东西你需要明白。好好看看这个围栏,告诉我你看到了什么。"小男孩认真地看了看:"围栏上满是洞。""没错,"他的父亲点点头解释道:"这些都是你毁坏围栏(伤害别人)后留下的痕迹。这些痕迹,并不能仅仅通过说'对不起'就把它抹去。"他的父亲接着说:"儿子,当你心情不好的时候,请保持冷静。在你想要发脾气伤害别人之前,想想这个围栏吧。"

从中获得的领悟

这个坏脾气的小男孩的故事是学习体验强大之处的绝佳例证。当我第一次听到这个故事时,我仿佛能走进小男孩与他父亲的内心世界,无论是认知层面还是情感层面,我似乎都能与他们紧紧地联系在一起。

如果你仔细分析这次学习经历,你会体会到一些学习体验设计(Learning Experience Design,LXD)的核心理念。例如,对于这个脾气糟糕的小男孩来说,到底是什么让效果如此显著?

他的父亲可能并没有意识到,自己无意间完美地运用了以人为本的设计理念。

他以充满同理心、行之有效的方式为儿子创造了一次特别的学习体验。他了解他的儿子喜欢什么、不喜欢什么,以及他最需要什么。这种对儿子的深度了解构成了他设计的出发点。

好的设计源于好的想法。在这个故事中,父亲使用围栏作为工具并把它比作人,让小男孩深刻地认识到自己的行为后果。这无疑是一个别出心裁的想法。这可能比任何形式的愤怒管理训练效果都更好。正是因为这个操作考虑周到且简单易行,才让这次学习体验如此深入人心。

把锤子和钉子作为学习工具也是成功的关键。借助这样有实感的工具，不仅帮助小男孩释放了怒气，还打造了一个令人印象深刻的亲身体验。试想一下，如果这位父亲只是给小男孩一部手机，让他在屏幕上玩一个虚拟的钉钉子游戏，那么恐怕无法达到这样的效果了。在这里，选择合适的工具和方式，起到了举足轻重的作用。

从结果来看，这个体验所达到的效果已经远远超出了最开始情绪管理的目标。小男孩已经发生了脱胎换骨的变化，那个曾经脾气暴躁的小男孩，如今比以往任何时候都更快乐、更热爱生活。毋庸置疑，家庭其他成员的生活也因此得到了翻天覆地的改变，这是一次对所有人都有价值的学习成长。

当然，这个体验中还有更多可以挖掘的点，但相信你已经明白了我想表达的意思。一次伟大的学习体验，能让问题迎刃而解，为生活带来积极作用，让人受益终身。简而言之，这次的学习体验：

- 产生了有价值且有意义的成果。
- 对学习者及其周围环境带来了持久的积极影响。
- 是以人为中心的、富有同理心的。
- 使用了恰当的技术与工具。
- 在面对复杂而棘手的问题时，采取了创新的、简单的、没有生搬硬套的解决方案。

以上这些都是学习体验设计的核心理念，我们将在后面深入讨论。

你有哪些难忘的经历

让我来问你一个比较个人的问题：你还记得哪次经历深深地影响了你吗？请花一点时间认真思考这个问题。

我们每个人的人生中都拥有无数次经历，但是其中哪一次让你刻骨铭心、永生难忘呢？又有哪一次经历对你产生了积极而深远的影响呢？

再仔细回想一下，到底是什么让这次经历如此特别、难以忘怀。就像我们分析那个坏脾气的小男孩的故事一样，写下你在这次经历中的关键点，以及从中学到了什么。

作为一名高校老师和职业培训师，我曾带领很多参与者做过类似的思考练习。令人惊叹的是，每个人讲述的故事都是独一无二的。有人分享了自己的冒险经历，比如在南美洲的某个不太安全的地方得到了一位善良的流浪汉的援助，或者与自己最爱的乐队一起穿越美国。有的人的故事则是与亲人和朋友有关，比如在假期小岛上由于网络不畅，彼此进行了一场好几个小时的深度交谈，增进了彼此的情感和友谊。

有时候，悲伤的经历最能触动我们。例如，一个人在遭遇重大疾病后，迫使自己将有限的精力投入真正重要的人和事物上，或是身处异国他乡的医院，从非游客的视角真切地感受到来自异国他乡的帮助和善良。克服困难可以让我们将生活中那些痛苦的瞬间转化为宝贵的记忆。

在教育的成长之路上，诸如此类的例子比比皆是。例如，你可能只是因为选择了一门课，就开启了新的职业生涯；可能是遇到了一位独具慧眼的小学老师，不仅帮你早早地发掘了自身的才华，还鼓励你大胆去追求自己的天赋。诸如此类的绝妙经历可以发生在任何地方、任何时间，可以简单如在徒步旅行结束时回头望一眼美丽的风景，也可以复杂如完成一个工期长达四年的研究项目。

虽然这些经历千差万别，但它们都有一个共同点，那就是都带给了我们宝贵的收获，使我们从中学到了许多有价值的东西，这些东西将伴随你一生。每次在为他人创设学习体验时，这些小故事就如同黑夜中的北极星，照亮正确的方向。

对于任何一位（有抱负的）学习体验设计师来说，了解什么是出色的学习体验，无疑是至关重要的。因为这可以让你有一个明确的标准，知道一个学习体验怎么才算设计得好。

现在，想必你已经认同了经历与体验的力量，那是时候可以向前走了。每当你对学习体验设计的好坏感到困惑时，不妨多想想自己的经历，就能找到答案了。

02 | 第 2 章

This Is Learning
Experience Design

为什么学习体验设计很重要

> 换个角度看世界，你也将观察到一幅新光景。
> ——史蒂夫·怀（STEVE VAI），音乐家

大约十年前,"学习体验设计"这个理念还鲜为人知。近年来却发生了翻天覆地的变化。这期间发生了什么?不妨让我们一同探索学习体验设计越来越受欢迎的原因,以及了解一下为什么学习体验设计对你、我以及全世界都会产生深远的影响。

从2007年开始,我便一直在积极倡导学习体验设计这一理念,然而过了好几年时间,人们才真正开始关注。起初,人们对这个理念要么一无所知,要么毫不关心。简单来说,当我向人们介绍学习体验设计的理念时,他们或是不明所以,或是漠不关心,甚至还有人感到烦躁、抵触。显然,那时候的时机还不够成熟。

如今,时代变了,学习体验设计开始在全球崭露头角。作为能够推动、支持和促进学习的新方式,人们对于学习体验设计所蕴含的潜力感到无比兴奋。学习体验设计已经从一个想法逐渐发展成了一个真实存在的设计学科。随着学习体验设计的发展,世界也在变化。现在,学习体验设计内部与外部的条件都已成熟,世界已经准备好迎接学习体验设计的到来,同时学习体验设计也已经为面向世界做好了准备。

那么,到底是什么让人们开始对学习体验设计感兴趣?又是什么促使你翻开了这本书?因为,对改变的渴望,你想采用不同于以往的方式、方法;因为,你同许多其他人一样,坚信我们能够且应该提供更优质的学习体验。

让我们用学习体验设计来应对今天的教育挑战,利用无穷无尽的学习机会、创新的解决方案来满足学习者日益变化的迫切需求。接下来,让我们一同探索那些让学习体验成为符合时代需求的发展条件,以及凭什么学习体验设计能够成为学习的新形态。

对美好体验的热爱

为什么人们总是热衷于外出旅行、出门就餐、打游戏、看电影或是参观博物馆？这是因为，人们追求、享受并珍视那些美好的体验。

大多数人心甘情愿地花钱和时间去寻求难忘的体验，这不仅仅是为了享受当下，更是为了在日后回顾过往时，也能够满心欢喜。一次美好的体验足以让人回味一生。你还记得几年前美妙绝伦的旅行吗？尽管已经过去这么长时间了，但是每当再次回想时，你的嘴角依然会挂起笑容。你依然能记得那些栩栩如生的细节，甚至在脑海中重温那些美好的瞬间。

在过去几十年中，人们对于体验的价值的认可度越来越高。这一认知的改变是体验经济的发展基础。如今我们正生活在一个新的经济发展时期，这个阶段将会更加重视体验的价值。

根据经济学家约瑟夫·派恩（Joseph Pine）和詹姆斯·吉尔摩（James Gilmore）的说法，人类历史上一共经历了四个经济时代。开始，人们是农业经济中的农民；然后，工业革命使人们成为工业时代工厂的工人；随着时代的发展，产品转化为服务，人们成为服务行业的从业者；现在，在服务经济之后，人们逐渐步入一个全新的体验经济时代。

体验是一切的老师

尤利乌斯·凯撒

体验的品质

在体验经济时代，为顾客提供的体验品质是关键所在。出色的体验具有极高的价值，你的客户也乐于为此支付更高的费用。

星巴克就是一个耳熟能详的例子（见图2.1）。最初，咖啡只是普通的商品。你可以购买一袋咖啡豆，回家自行研磨。但后来人们发现，如果把咖啡豆提前磨好，再装在精致的包装中售卖，有人会愿意为这种便利付更多的钱。当然，在咖啡店里直接喝一杯咖啡会更方便，因此花费也会更多。星巴克的独特之处是把点咖啡、喝咖啡的过程变成了一种体验。通过独特的装修风格、氛围打造、产品选择、背景音乐和专业服务，星巴克成功地把咖啡的价格提高了一倍，甚至两倍。

从中我们可以学到重要的一课：人们非常看重优质的体验。实际上，我们都愿意花钱和时间去体验那些令人印象深刻的事物。

然而，体验经济的概念在教育学习领域还未被充分认可。传统的教育更注重"你学到了什么？"，而非"这种体验将对学习者产生什么影响？"后者显然比前者的作用范围要更广。在这个问题的启发下，你将去思考如何从个人、学术或者职业等多个层面去启发、挑战和影响学习者，你设计的学习体验也将在不同层面发挥作用。

同理，这在学习中也不例外。我们都拥有过自身极为珍视的学习体验——那些令我们感到惊奇的、全身心投入的、启迪人生的体验。作为一名学习体验设计师，你的目标就是创设出这样的学习体验。

当你在设计任何一种学习体验时，都要问自己这个问题：让学习者在这个体验上投入时间（和金钱）是否值得？这是一个简单却直击要害的问题。与金钱不同，每个人的时间都是无价的，一旦你占用了他人的时间，你是绝无可能归还的。

所以，如果你真的发自内心地认为他人的时间是宝贵的，你的心态就会改变，你的设计也会随之改变，因为你希望他们的时间的确花得值得。

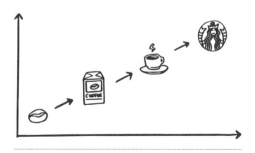

图 2.1　从咖啡豆到品牌

是否值得

现在最大的问题来了，什么样的学习体验才算值得呢？这个问题的答案取决于诸多因素，例如你是为谁设计的，他们的目标是什么，体验将在哪里展开？这些问题需要学习体验设计师亲自提出并亲自作答。

以上这些问题已经超出了"学习目标是什么？"或者"客户的目标是什么？"等较为表面的答案。你需要深入挖掘、了解对学习者来说到底有哪些是真正有意义的，以及哪种体验能对他们的生活产生积极的影响。我们将在后面陆续讨论这些问题，给你指出找到答案的正确方向。

进化中的设计

近年来,设计本身、设计所扮演的角色以及设计在各个场景的应用均发生了巨大变革。设计的边界已不再局限于创意圈,而是拓展到了各个领域。

在过去,设计是一个相对独立的专业领域,主要关注的是如何让产品看上去更美观且增强其功能。然而,随着时间的推移,设计的对象也变得越来越复杂。例如,设计一款 iPhone、一个在线店铺,与设计一张海报、一把椅子所需要的技能已经大不相同了。如今的设计是为了提供更优质的体验和服务、解决更复杂的问题。这一变化重新定义了设计的角色视角、应用场景和价值所在。学习体验设计就是这一发展的鲜明例证,是一个为了满足这个时代的期望和挑战应运而生的新兴设计学科。

设计伦理

现今,设计师的工作成果在各个层面都影响着人们的生活。设计改变了人们工作、交流、娱乐、社交,以及学习的方式。那些成功的设计既有好的方面,也有不好的地方。举例来说,你可能设计了一款手机游戏,成功吸引了数百万的玩家。乍一看,每个人都很开心。你的游戏为你带来了丰厚的收入,玩家也都沉浸在玩游戏的快乐之中。然而,当这款游戏让玩家过于上瘾时会发生什么?

玩家可能会过度沉迷游戏,忽视了周围人的感受和自己应当承担的责任。例如,孩子可能会花光所有的零用钱,甚至盗用父母的信用卡来购买游戏内的道具。因此,你创设的每一个设计都会对某些人的生活产生直接的影响。作为设计师,你必须意识到这些后果并承担起应有的责任。

这种责任彰显了设计伦理的重要性。理解你的设计会产生哪些道德层面的影响，对于成为一名成功且与时俱进的设计师至关重要。可以说，设计已经从追求纯粹的美学，演变为了更深层次的伦理考量。一个出色的设计不仅要赏心悦目、体验出色、运作顺畅，还要对你设计的人群和他们周围的世界产生积极的影响。学习体验设计的核心目标是为人类的发展和福祉做出贡献，这恰好完美地契合时代的需求。巧妙设计的学习体验不仅旨在完成某个学习目标，而且要为学习者的人生，以及他们所处的周围环境带来积极的改变。许多人热爱学习体验设计也正是因为这种责任感。

设计师的角色

随着设计本身不断演变，设计师的角色也发生了转变。如今，这个角色不再那么孤立了，而是变得更加多元化，对设计师的要求越来越高，同时也更具挑战性。

设计的多个分支领域已经融入了其他专业领域。例如，游戏设计师已经进入了医疗健康领域。要想设计一款能够改善人们身体健康的游戏，就需要一个由设计师、开发人员和医疗专家共同组成的跨学科团队。每个成员都有其独特的视角，而设计师的职责就是将这些视角融合在一起，设计出一款既好玩又能达成期望目标的游戏，即帮助玩家们改善健康状况。在这样的团队中，设计师扮演着核心角色，引导着团队走向成功。

在跨学科的团队中，人们更倾向于跳出框框去思考，更容易放下对自己专业领域的防御。这种开放的心态对于学习体验设计师来说是至关重要的。从本质上讲，学习体验设计是设计领域延伸至学习领域的交叉学科。对各种视角兼容并蓄，习惯于跨学科的环境，能使你成为一名更出色的学习体验设计师。正是因为有各种类型的设计师与其他专业领域交叉融合，才为学习体验设计的发展铺平了道路。

科技创新与教育

科技的飞速发展对我们的生活产生了巨大影响。在职场,我们已经开始习惯于快速且便捷地在线沟通与合作。

借助智能手机、平板计算机和笔记本计算机等工具,人们可以在任何喜欢的地方自由地工作(见图2.2)。试想,如果一个月不能上网,那会是一个多么艰巨的挑战。

我们的个人生活也发生了翻天覆地的变化。社交互动基本都在手机的社交APP里通过发消息完成。我们的生活在现实世界和虚拟世界中相互交织。在线视频和(手机)游戏成了重要的娱乐来源。毫不夸张地讲,你完全可以把自己的生活以电子设备为中心展开。

然而,出于某种原因,科技在教育领域的影响却显得相对有限。是的,在线学习的确存在,但主要服务于企业学习。而且,当你深入考察在线学习的创新时,你会发现,也没什么突破。很多在线学习的设计都大同小异,即便是在数字环境中仍是基于传统的教学方式,你很少会听到人们对在线学习课程翘首以待。

图2.2 当时的平板计算机和现在的平板计算机

正当世界经历剧变之际，当今的学校却似乎跟不上步伐，新科技在教室里的存在感略显不足。没错，你是会看到一些笔记本计算机、智能手机和平板计算机，但是学生接受教育的方式总体上并没有太大改变。

教师们对于让新科技进入他们的教室似乎有些犹豫，甚至有些恐惧。事实上，我在研究学校中计算机的使用情况时碰到了一位老师，她强烈反对自己的学生使用任何形式的现代科技进行学习。这位老师可能是个例外，但是教育领域的确也从来都不以进步性和创新性而著称。

勇往直前，拥抱变化

与此同时，越来越多的教师和学习领域的专业人士已经为改变做好了准备。他们在新技术中看到了全新的可能性，并且希望通过拥抱这种可能性来进一步探索学习的新方式，打造更加出色的学习体验。

越来越多的人希望看到我们生活和工作的方式也反映在学习方式上，让学生和专业人士能更好地应对今日以及未来的挑战。我敢肯定你也深有同感。渴望改变是人们开始接触学习体验设计的常见动机之一。

运用学习体验设计的创新方法，可以帮助你从传统的做法中解脱出来，探索以一种更具时代感的新方式教学、支持和引导学习者。需要明确的是，学习体验设计并不一定非要依赖新科技。诚然，科技在学习体验中是可以扮演重要角色的，但前提是，你得用对才行。无论你选用的是古老的技术还是尖端的高科技，只要能够完成学习目标就是好工具。

全新的视角

学习体验设计为打造学习过程提供了一个新视角。它能让你以不同的方式看待事物，发现新的可能性，从而创造出独特的学习体验。

同你一样，很多人也感觉我们在设计、促进和推动学习方面可以做得更好。世界充满了变化与发展，为我们（重新）设计学习形态提供了近乎无穷无尽的可能性。倘若你想从这些机会中受益，可能要先试着改变自己的视角。比方说，作为一名教育领域的设计师，我自己就发现我看待事物的方式与其他人有所不同。

作为一个"局外人"，我不受传统做法、约定俗成和传统惯例的束缚，这就能够使我自由地思考、另辟蹊径。

改变视角也能让人在塑造学习形态时发现更多可能性。每当想到这一点，你就会意识到自己其实有很多选择，不必拘泥于某种传统惯例。毋庸置疑，你肯定希望自己做出正确的选择，最好的那个。恰好，学习体验设计能为你提供正确的视角、技巧、知识和方法来帮助构建、引导和推动设计过程。一切都始于看待事物的新方式——从设计师的视角去审视一切。

设计师的视角

你的视角决定了你怎样观察、能看到什么、如何解读所见所闻,以及如何为自己的观察赋予意义。

设计师会关注事物的形态、规律、细节,以及容易被他人忽视的点。例如,时尚设计师保罗·史密斯(Paul Smith)总是细心观察他周围的环境、做笔记、拍照。那些看似随机的图片和文字实际上是他即将推出的系列服饰的灵感源泉。

以不同的角度观察

著名平面设计师保拉·谢尔(Paula Scher)因独特的字体设计而声名鹊起。正如保罗·史密斯一样,她凭借巧妙观察来提升自己的设计水平。每当保拉在她的家乡纽约漫步时,她总能在四处找到设计字体的灵感。这些日常的观察滋养了她丰富的创造力。她乘坐出租车的时候,也会静静地望着窗外,下意识地涂鸦,最好的灵感就冒出来了。她曾经说过:"让我的潜意识接管,思绪就能自由地遨游。"

观察不仅是设计师获取灵感的重要途径,也是设计的必备技能。无论你是设计Logo、海报、衣服,还是椅子,你需要根据自己的观察,不断做出设计决策。

在创作的每个步骤中,你都要判断哪些是可行的,哪些是行不通的。像这样通过不断观察、反思自己的作品来精进自己的实力,是设计和艺术领域都沿袭的宝贵传统。就本质而言,现代设计师所运用的技巧与文艺复兴时期的画家并无差别。我在学习平面设计的时候也上过艺术课，正是这门课帮我意识到了观察的重要性。后来我在学习交互设计时，又从一个新角度重新认识了观察的价值。

就像音乐家能够听出乐曲中的独特之音，设计师也能以自己的视角去看待世界。视觉元素几乎是所有设计领域的重中之重，而培养良好的设计眼光是成为一名出色设计师的关键所在。

设计师的关注点

设计师创作的作品，最终是要被人们体验的。因此，你的关注点应该始终聚焦在这些人身上，因为你是为他们设计的。对于设计师来说，把焦点放在用户身上是一件很自然的事情，因为用户才是最终决定你的设计是否成功的人。

作为一名设计师，你的目标就是理解他们是谁，感同身受他们所追求的目标，并让他们参与设计过程。这种理念，就是通常所说的以人为中心的设计原则。当你将以人为中心的设计理念应用到学习中时，你会发现，特别的事情发生了：你从根本上改变了自己的关注点。

在传统的教育观念中，教师群体是设计师关注的焦点。各种辅助教学的材料和教学工具都是为他们设计的，他们是将知识传递给学生们的专家。这个事情，是我在与教育出版商合作时发现的，这令我感到无比震惊。不过想一想，这也可以理解，因为他们的商业模式就是让学校和教师参与其中，毕竟学校和教师是教科书的实际客户，自然成了他们关注的对象。

然而，作为学习体验设计师，你的焦点应当永远聚焦在学习者上。你需要把自己的视线从关注教师变为关注学习者，同时你也要把注意力从"怎么教"上转移到"怎么学"上。虽然这听上去很简单，但是你会感到惊讶，有多少教育专业人士在这种视角转变的过程中苦苦挣扎。虽然这看似只是一个小小的调整，但是所产生的结果却是相当显著的。

我就知道很多学习领域的专业人士关注的并不是学习者本身，而是他们的客户的需求，最好当然是对客户和用户都负责。

创新之途

设计师都是怎么工作的？这与设计出卓越的学习体验有什么关系？从本质上来说，两者都是借助创造过程来探索各种潜在的可能性。

学习领域扎根于（应用型）教育科学。虽然世界上不同地方的教育人士拥有的头衔各不相同，但他们所采用的方法存在明显的相似性。总体来说，这是一种聚焦于优化学习效率的高度结构化、逻辑化，以及深度解析的方法。这种系统化的方法对于挑选和组合那些经过验证的解决方案的确是非常有效的。

学习体验设计师的方式则截然不同。学习体验设计是一门扎根于应用艺术的设计学科。同其他设计学科一样，其方法通常都是创造性的、反复迭代的，常常带有实验性质。如果你想探索从未涉足过的领域，创造学习的新机会，那么这正是你需要的。我发现来找我的客户，通常都是在普通方案搞不定的情况下，才需要一个打破常规的方案。

设计学习体验是一个创造的过程。虽说这个过程也要遵循一定的步骤，但同时也留出了大量自由的探索空间，让结果充满一定的不确定性，即在设计的最初阶段是无法预知最终结果的。因为设计是通过多次迭代，随着时间的推移而逐渐成形的。

这个过程需要设计师发挥他们的创造才能不断推动，并且在这个过程中，要始终围绕着目标学习者展开。只有通过聆听他们的故事，观察他们的行为，设计师才能设身处地地从学习者的视角出发，找到解决问题、应对挑战、满足需求的新思路。

设计师从不害怕探索新事物，反而一直在搜寻、测试可能被他人忽略的新机会。

这种视角能让你找到新颖的、优雅的、高效的解决方案，成功化解你面对的问题。

相比其他人只能从现成的方案中选择,设计师则可以在搜寻最佳方案的过程中创造出新选项。这就提供了一种创新的自由,人们喜欢这种自由发挥的空间,因为他们可以不受限制地探索各种新型的学习体验。没有什么是必须怎么样的,一切皆有可能!

在本书的后面,我们将深入探讨这个设计过程,并研究如何设计出卓越的学习体验。

更好的学习成果

学习体验设计之所以令人兴奋,主要是因为它可以帮助人们打造更出色的学习体验,从而取得更卓越的学习成果。当我们以正确的方式运用学习体验设计时,确实能对学习者的人生产生深远的影响。

当说到更好的学习成果时,我们首先得问:对学习者来说,什么才是好的成果?就传统意义而言,完成课程、通过考试或者取得高分就是好结果。不错,我们的确希望学习者能够在标准化测试中取得高分,但同时也应当将目光放长远些。学习成果并不仅仅关乎考了多少分,也包括如何取得这些分数。这关乎学习的目的地和旅程本身。

比方说,你重新设计了一门课程。假设学员们的成绩或者评分都没有变化,但是他们的学习体验更为愉快、互动更多,那么这是否意味着取得了更好的成果呢?我认为是的!

在培训过的众多教师中,我发现当教师们愿意运用学习体验设计的理念,下功夫重塑他们的课程(或课程的一部分)时,学员们也会更欣赏这种新体验。在通常情况下，定量评测的结果也会更好，学员们都会取得更高的分数，即便成绩没有明显变化，教师和学员们仍会为此兴奋不已。

为什么？因为学员们接触到了一种与他们一贯以来感受截然不同的学习体验，并且教师们在重构课程的过程中也乐在其中。不仅如此，教师们在将自己的设计方案付诸实践的过程中也能学到很多，经过了真实的测试，也就收获了宝贵的心得感悟。

在经过一两轮的迭代设计后，应该会看到学习效果的显著提升。我可以向你保证，你的学员们一定会非常认可你付出的时间和努力。实际上，我曾就这一点得到过一些学员的反馈，他们感觉那次的学习体验简直就像是为他们量身定制的，有效地提升了他们的表现，他们对此表示非常感激。

话虽如此，某一位学习体验设计师的某种方法就一定是最好的吗？未必。某些情况下，可能要采取不同的方法。这需要具体问题具体分析，比如客户的期望、学习者的类型、所处环境的种类，以及不同利益相关者的参与程度等。

举个例子，我曾经重新设计过一些课程。之后，在学员参与度、满意度和表现方面都取得了显著的提升。这个课程原本设计得很扎实，只不过略显传统，更强调以一种结构清晰的方式展示内容。我的设计则更关注创设更有意义的体验感，例如增加课程的互动性、加入引人入胜的故事和视觉体验。学员在反馈中直接表达了对这种设计的认可，他们喜欢这样的体验，并渴望学习（更多）。整个过程中，他们感觉自己更加投入、更有动力，并以各种意想不到、好玩、愉快的方式接受挑战。

总体来说，学习体验的品质极其关键，这也正是学习体验设计能够大放异彩的地方。

更好的体验必将带来更好的结果。

创设一个伟大的学习体验对学习者和设计师来说都是一种乐趣。这也正是让我轻松爱上工作的原因。

学习体验设计至关重要

我发现人们在重塑学习方式时,不仅需要而且渴望采用不同的方法。

人们之所以对学习体验设计充满了热情,正是因为从学习体验设计中获得了力量,让他们有能力创造出满足当代学习者需要的学习体验。接下来,让我们探讨一下为何体验对于学习来说至关重要。

人人都渴望精彩的体验。无论是假期旅行、都市夜生活、与朋友共度晚餐时光,抑或是一整天的外出购物,我们都在积极寻找、花钱购买那些让人难以忘怀的体验。卓越的学习体验同样也不例外。如今,人们已经开始对学习体验有更高的期盼,而学习体验设计正可以为他们提供更为卓越的学习体验。

设计师开始创设学习体验,正是设计演变的最佳证明。设计的主要目的已经从制作美观且易于使用的物品,逐渐转变为以创新的方式来解决复杂问题。你已然能够在医疗、体育、教育等其他领域看到设计师跨界的身影。设计师的职业已经变得更为多元化、更富有挑战性。设计思维(Design Thinking)的普及也表明了设计的应用范围正在日益扩大,这使得设计在公司、学校和其他组织中得到了更广泛的接受和认可。

在面对复杂问题时,如教育领域的诸多挑战,你需要采用恰当的科技工具来完成任务。持续的技术创新为促进学习提供了无限可能。你要想从中受益,就要做出明智的选择并合理运用。学习体验设计能够帮助你结合具体的学习情境,为学习者提供最佳的设计决策。

学习体验设计能让你以一种完全不同的视角看世界。这正是掌握学习体验设计的第一步。一旦你开始以这种新视角思考问题,你的行为方式也会随之发生改变。此时,你就需要一种与以往不同的方法来达成目标。

通常来说，采用设计方法论可以促成让人惊喜和令人兴奋的成果，在创造有意义的学习体验时能充分利用这个优势。学习体验设计师以开拓新事物而闻名，这恰恰正是创新过程的本质——创造出独一无二的东西。创设独特的体验正好体现出了对每个学习者差异化的理解，以及你在自己的设计中尊重了这些差异化。

不难想象，如果你换种方式看世界，以不同的方式做事情，你将会得到不一样的结果。那么，不同的方式就一定更好吗？并不尽然，不过，绝大部分情况下你会收到更理想的成果，你不仅能超越一开始的目标，而且能对学习者的生活产生积极的影响。

如果我们希望改变自己学习的方式，就需要学会如何改变。

请牢记学习体验设计的九大原则

以下这九大原则适用于所有的学习体验设计，可作为重塑学习方式的指导思路。

原则这个词可能听起来过于严肃。设计师不是以打破常规、颠覆创新而闻名吗？之所以选择这个词，主要是因为我对这些原则深信不疑，它们是我实践的基石。到后面你会发现，这些原则不仅不会限制你的创造力，还能在你的设计过程中相辅相成。

在开始设计学习体验之前，我想先为你介绍这些原则，这样你就能抓住其中的"灵魂"，在学习本书的过程中能随时参照。

原则1：人们从经历体验中学习

有许多理论试图解释人们是如何学习的，有的专注于特定领域，例如幼儿如何发展语言技能，或者学生如何学习数学公式；有的则更为通用，例如将信息组块以提高记忆的效率，或者研究那些没有被付诸实践的知识多长时间会被遗忘。

然而，每当你思考人们到底是如何学习的，你会发现它们都遵从一条最根本的通用原则。这条原则如此基础，你可能甚至没有意识到它：所有的学习都源于经历。

人们的生活就是由一连串的经历构成的。其中大多是日常琐事、平凡无奇，比方说刷牙、去商场购物、寻找停车位。有些经历则令人难忘、印象非凡，例如初吻，或是终于踏上了自己梦想已久的旅行。所有这些经历作用在一起塑造了你——你是谁、你如何认知世界、你的思考模式和行为方式。人们被过去的经历所塑造，再由未来的经历继续雕琢。

突破自我局限

有时候，我们会不自觉地对"学习"有某种相对局限的认知。在教育领域，我见过许多人认为"学习"就应该以某种特定的方式进行，比方说传统的课堂教学或者讲座。非传统的教学专家也未能幸免，例如线上教学设计师，大概率受限于他们所使用的科技工具。结果就是，原本理应满足不同学习者目标与需求的学习体验，因为使用了同样的工具、类似的预设路径而看上去大同小异。

学习体验设计的目标是为学习者提供符合他们自身、个性需求的独特体验。至今为止，我从未设计过两个相似的学习体验，因为我相信没有两个人或者两种情境会是完全一模一样的。

开启无限可能

只要我们意识到我们是从经历体验中学习的，就会开启无限可能。尝试回想一下你这一生中所经历的各种不同的事情。试想，既然我们可以拥有如此丰富的经历体验，那么也一定有同样多的学习方式。

第一条原则的主要目标，就是让你打开思路，知道一切皆有可能。你大可不必被以往对于学习的固有认知所局限，经历与学习同在。拆掉大脑里的那堵墙，尽情享受学习的自由。

原则 2：每段经历都是独一无二的

你的每一次经历与体验都有其独特性，这主要源于两个方面：

- 你自己的过往经历。
- 你本身的性格特征。

每个人在开启一段新的体验时，都不是白纸一张，而是携有独一无二的过往经历。试着回想一下，你一生中各种各样的独特体验。正如前文所说，这些体验构建了你的过去，塑造了你的记忆，并且也会深深地影响你的现在和未来。显然，拥有不同过往的人有着不同的感受方式。

当你深入思考这个问题时，你就会发现，要想拥有完全相同的体验几乎是不可能的。换言之，每一次体验都是独一无二

的。这也是你独特存在的体现。这一系列亲身经历统统归属于你，你是它们的主人，也是它们造就了今天的你。

此外，经历并不是一件纯粹被动的事情，而是被你构建出来的。每个人都会基于自身的情况构建属于自己的体验。还记得小时候吗？所有的一切看上去都那么巨大，那是因为我们自己还很小。这只是其中一个例子，却说明了我们的身体、心理和情感特征会左右我们对事物的感知。

一旦考虑到这种每个人身上存在的独特性时，自适应学习体验（Adaptive Learning Experiences）的概念就很符合逻辑。所谓自适应，意味着打破面向所有人千篇一律的学习体验。在理想情况下，我们可以为学习者提供多样化的选择，他们可以根据自己的经验水平和个人偏好，选择最适合自己的学习路径。我在一所学校的青少年项目中实践了这一点：我们为不同层次的学生设计了一系列"殊途同归"的练习，以便最大限度地起到辅助作用。这看上去并非什么大动作，却带来了显著改变。因为我们强化了体验的适应性，增加了更多的可走路径，反而提升了学生们的自主性，让他们可以主导自己的学习之旅，充分利用自己的优势去克服弱点。

所以，你试着看看，怎么做才能为每个学习者提供更个性化的学习路径？虽然这听上去似乎很复杂，但实际并非如此。

一段学习体验并不是必须融合黑科技又或是空前绝后的，虽然这是人们对于学习体验设计的常见误解——认为学习体验设计必须是打造超凡的创新体验。

我所设计的体验，从简单的低科技到复杂的高科技都用到过。工具只是一方面，真正使这些体验出彩的其实是你原创的想法、新颖的解决方案和设计的巧思，并不是需要将体验变得宏伟壮观，才能使其变得独特。

你可以说，这是另一种形式的别出心裁。

原则 3：学习是持续的、动态的、全人立体的过程

学习并不只发生在课堂或培训活动中。你可以在任何时间、任何地点，以任何你喜

欢的方式学习，因为学习是一个持续不断的、动态变化的、全人立体的过程。

接下来，我们就解析一下，在学习的旅程中，这些词语分别代表着什么含义。

持续不断

你无时无刻不在学习，无论你是否意识到了这一点。醒着的时候，你通过一天发生的各种事情来有意识地学习。事实上，即便进入梦乡，大脑也会通过整理这一天的经历来继续无意识地学习。

我们都清楚，学习并不是上课铃声响起时才开始的，也不是被动停止时就结束了。相反，学习是一个持续不断的过程，无法将其终止。我们可以刻意地去学习某些东西，却做不到不学习。这也解释了为何我们要适当休息，以便让刚刚学到的东西在脑海中沉淀下来，这也侧面提供了处理和反思的机会。

学习不仅是一种意识层面的行为，而且是人类的本能，是我们的大脑和身体自然运作的方式。从本质上来说，人类就是被设计来学习的，这是无论如何都要意识到的事情。

动态变化

在学习的过程中，很多因素都会影响体验本身。这使得学习成为一种一切都在不断变化的动态过程。一方面，在学习新事物时，我们自身会发生变化，有时候是小小的波动，有时候则是翻天覆地的改变。比如说，内在的情绪、专注力程度等因素。

另一方面，外部因素，如环境噪声、温度，甚至你周围的人，也会影响你的学习体验。总之，唯一不变的就是变化本身，这是一种常态。

然而，学习动态变化的特性往往容易被忽视，因为教育、数字化学习和培训往往会被标准化，以使其尽可能易于管理和便于预测。这对老师和培训者来说固然是件好事，但对学习者来说可能就不尽然了。

全人立体

人，并不仅是一台装有大脑的学习"机器"。我们还拥有躯体、情感、性格特征、信仰和疑虑。这就是我们之所以为人的地方。

然而，人们往往只注重通过传递知识来促进认知发展，这是很片面的。全人立体的视角则是将人看作一个完整的个体，而不仅仅是一个处理书本内容的学习机器。正如第二条原则所言，我们每个人都是独一无二的个体，每个人都有自己独特的体验方式。

全人立体的视角同样适用于设计体验。每一次体验均由多个部分组成，如参与人员、资源条件、活动安排和空间环境。你应该以一种更为系统的视角去设计体验，让每个环节相辅相成，在一起产生协同效应。

原则4：学习的过程受情绪的影响

假设你现在正在设计某个学习体验，你可能已经开始琢磨学员能从学到些什么了。请稍微暂停一下，现在，不妨让我们换个角度思考这个问题：这段经历会让学习者产生怎样的感觉？

当我们分享日常生活时，情绪和自身的感受总是其中不可或缺的一部分。你甚至会发现，真正发生了什么都是次要的，重点是这件事情给我们带来了怎样的感觉。

学习无疑是一个美妙的过程，它可以带来满足感和收获感。学习能让我们体验到胜利的喜悦、自信的光芒、意识的觉醒、惊喜与激动，以及让我们的心灵受到启发。学习能够帮助我们突破个人边界、拓宽视野、加深对周围世界的理解，这些都能让我们对学习和对自己更加肯定。我们应当充分利用这些情绪价值，让更多的学习者从中受益。

当然，在学习过程中也存在着一些负面的情绪：开学前的焦虑、害怕失败、担心遭受欺凌、挫败感、承受来自同龄人的压力、忍受厌倦，以及来自学习成绩的压迫感等。这些负面情绪可能会唤起我们学生时代的痛苦记忆。在成人教育中，这些情绪同样存在。

任何年龄段的学习者都可能会感到紧张、害怕、焦虑、挫败、忧郁、压力重重或者弱小无助。这些负面情绪会扭曲学习体验，造成负面影响。因此，我们需要找到一种合理的应对方式，让这些负面情绪不再阻碍学习者的发展与成长。相反，我们应该让这些情绪成为推动学习的力量：一方面，激发出热情、自信、自豪、感激和快乐等积极的情绪；另一方面，妥善处理负面情绪，并提供足够的支持。

你的感受会影响学习过程。情绪会为经历加上不同的滤镜——在设计过程中，你要深刻意识到这一点。学会把情绪纳入考量范围，是以人为本设计的重中之重。

要想设计一个成功的学习体验，理解学习者在学习过程前、中、后可能产生的情绪至关重要。这也要求你在研究、创造和落实设计方案时，对学习者多多感同身受、充分调动同理心。

原则5：学习要过程、结果两手抓

传统的教育往往过于注重学习的结果，特别是那些容易量化、评分和比较的结果。试想这样一个情景：

两名学生完成了一场测试，其中一个的成绩斐然，而另一个的成绩仅仅高于平均水平。那么，哪个学生的表现更加出色？你可能会不假思索地认为，显然是得分更高的学生。但事实可能并非如此，得分较低的学生可能实际上学到了更多，而决定这一切的，取决于我们评价的到底是什么。

如果你将目光投向两位学生的成长进步，就会明白他们到底学到了多少。如果一个学生原本就处于较高的水平，只是保持了当前水平，那么他实际上的学习收获并不大。然而，如果一个学生从较低的水平跃迁至一个更高的水平，那么他的学习成效极为显著。

正因如此，我坚信学习不仅要关注结果，更要过程与结果两手抓。遗憾的是，我们有时候过分看重结果，特别是对结果的评测，这样做往往扭曲了学习过程。因为在这种情况下，学习者可能更加关注的是考试，而非真正意义上的学习。我认为在这方面，从两个方向进行调整可以对学习者产生积极的影响。首先，我们要一碗水端平，将过程和结果同等对待。仅观察学习者在体验开始和结束时的差异就行。其次，我们需要重新定义学习成果。我们将在本书后面的章节中进行详细讨论,但现在我想指出的是,货真价实的学习成果,应该对学习者具有实际的意义和价值。

一段体验并非是某个时间点上的瞬间抓拍,而更像是随时间展开的电影。仅凭某个瞬间的抓拍就对学习者进行盖棺定论,显然是不公平的。这并不能公正客观地反映他们的个人经历。作为一名设计师,我对于这些瞬间抓拍并不感兴趣。我更关注的是,如何通过一个合理架构的过程引导出理想的结果。真正重要的并非过程或者结果中的任何一个,而是两者的完美融合,这样才能为学习者带来真正的改变。

原则6:学习体验设计要以人为本

以人为本的设计原则是众多设计领域的核心理念,例如交互设计、用户体验设计,当然,也包括我们正在探讨的学习体验设计。

关心你的目标人群

每当我向老师们提问,他们为什么热爱自己的工作时,十有八九都会得到同样的回答:"我爱我的学生。"老师们关心自己的学生,因此也希望把最好的给到他们。给予学生需要的关注和帮助,让他们在学习和生活中都能有所成长。我认为,这比任何事情都更能推动教育质量的提升。

学习体验设计也不例外。你要关心你为之设计的对象人群。这是设计出一种既能在认知层面又能在情感层面与学习者产生连接的体验的唯一方式。让学习者成长需要个人层面的体验与经历,只有一种方式能实现这一点:以人为本的设计。

把学习者放在设计和设计过程的核心位置

当你想采用以人为本的方式时,你需要把学习者放在设计和设计过程的核心位置。这意味着你要让体验中的一部分人参与实际的设计过程。这可以通过研究、测试和共创来实现。

请记住,我们并非在为公司、学校或任

何其他组织这样的"抽象群体"进行设计。我们把人放到首位，其他一切都是次要的。我们为人设计。

当然，即便如此也还是依旧很容易回到老路上，只关注自身的专业知识，以及我们认为重要的目标或内容。所有人都容易落入旧习，包括我。这就是我总是时不时地提醒自己，学习者才是那个更重要的存在的原因。

原则7：刺激越多的感官，体验就越到位

假设你教一个不懂英语的人学习"Apple"（苹果）这个词。你有两种选择：你可以用一张苹果的照片，也可以拿一颗真苹果。你会选哪个？

答案毫无疑问是一颗真苹果。人的大脑被设定为更容易记住和学习那些有更多感官刺激的事物。丰富的感官体验让不同类型的信息通过各个感官通道分别进入人的大脑。

然后，大脑可以轻松处理这些信息流，构成一幅更大的画面。苹果的形状、味道和气味提供了一个更完整、更自然的体验。

如果你观察大脑的记忆结构，它由三部分组成：

- 感官记忆（Sensory Memory）。
- 工作记忆（Working Memory）。
- 长期记忆（Long-term Memory）。

我们如何处理、存储和检索信息，均取决于这些部分是如何运作的。

让我们再回到"apple"这个例子。在这幅插图中，我将运用可视化的方式为你展示大脑是如何处理一个真苹果的：

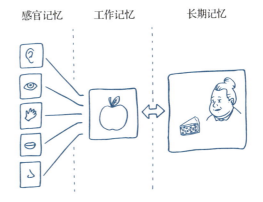

当你咬下苹果的那一刻，你会看到、听到、触摸到、尝到，以及闻到这个苹果

的味道。每个感官都会向你的工作记忆发送一个独立的信号。相比仅仅看到一张苹果的图片，这样多元的信息流更加丰富，对工作记忆来说也更易于处理。结果就是，它能够唤起你的长期记忆，比如想起小时候品尝外婆为自己亲手烹制的酸酸甜甜的苹果派。激活所有感官更容易让体验印象深刻。换句话说，刺激越多的感官，体验就越到位。

原则8：积极（互动）参与更有效

你是否想要设计一种被动的学习体验？何必为难自己。被动的学习体验听起来既不吸引人，也没什么意思。

然而，人们似乎已经习惯于那种一动不动，只是坐着听讲就好的被动式学习。尽管静静聆听一个好故事并没有错，但依然有很多方式可以使学习体验更具参与感。

提供各种各样的活动，让学习者积极主动地参加，可以保持学习的动力。这使得学习体验更加多元，也更富有变化，从而提高学员的能量水平和兴奋程度。

不妨看看学校，学生们似乎总是在课后更加活跃，期间他们可以自由活动，和别的同学聊天，吃点东西，做他们喜欢的事情。这似乎证明了一些需要承认的事实。

举个例子，功能型游戏（Applied Games）[一]就是很好的选择。这类游戏能让玩家在保持专注的同时享受乐趣。适当的竞争或合作元素可以将玩家的表现推向新高度。游戏不仅有赢的可能，而且玩游戏的过程本身就很有趣。这些都是我们在设计学习时应该借鉴的点。

让身体也活动起来对学习来说大有裨益。研究已经证明，适量的体育活动有助于保持一颗健康的大脑。

[一] 译者注："Applied Games"（功能型游戏，有时被称为"实用游戏"）指的是设计用于除娱乐之外的目的的游戏。它们是为了达到某种特定的实际目标或应用而创建的，如教育、培训、健康、公共宣传或其他目的。功能型游戏通常结合了游戏的互动性和吸引力，能帮助用户更有效地学习或实践某种技能或知识。

提升互动性对学习者来说也有奇效，能够决定自己的学习路径会让人更具有掌控感。这不仅会提高学习过程中的参与度，也会使人更关注自己的学习成果。

毕竟，如果你知道自己有选择的权利，对过程和结果都有一定程度的影响力，你大概率会更加投入，更致力于一个理想的结果。拒绝当一个被动的观察者，学会成为一个主动的参与者，不仅仅会让体验更加有趣，还会让体验与你更加相关，更属于你。

原则9：学习体验应该是积极的、个性化的、有深远影响的

到底什么才算是好的学习体验？这是每位学习体验设计师都需要深思的问题。

作为一名学习体验设计的教师和培训者，我曾多次邀请学生与专业人士分享他们所体验过的最佳学习过程。他们分享的例子五花八门，无一雷同。这便开始让我思索，这些独特的体验中是否存在某种共通之处？是什么神秘的"配方"使得这些体验如此出类拔萃？我的结论是，每一次的学习体验都应该是积极的、个性化的、有深远影响的。

积极的体验

如何激发人们的学习欲望？你需要提供一个吸引力十足、引人入胜的体验来启动学习过程。这是任何成功学习体验关键的第一步。一旦学习者开始学习，这种体验应当能够激励他们继续下去。作为设计师，找出那些让学习者眼前一亮的体验，能够帮助你根据学习者的个人喜好来量身定制体验。

我能从这个体验中获得什么？这是一个你需要为学习者解答的重要问题。学习体验必须有回报，收获积极的结果，这是他们付出努力后应当获得的。这虽看似理所当然，但是明确预期的学习成果并非易事。

定义学习结果是设计学习体验的一个好的开始。这将让你更加聚焦于学习者本身以及他们可以从中获得些什么。

在情感层面，学习体验也应当是愉快的，

给人积极向上的感觉。这应该是一件他们回忆起来可以嘴角上扬的事情。当然，这并不意味着学习的过程一定要充满欢声笑语。人们会出于不同原因而喜欢不同类型的体验。所以，要努力找出什么样的体验可以为你的学习者带来积极的感觉，从而创造一个更加愉快的学习体验。

个性化的体验

学习，本质上是一种人类的本能行为，理想情况下也是一种社会化的过程。因此，在设计学习体验时，应该以人为本。这就意味着，你需要以学习者的特性、品质、渴望和需求为设计的出发点。在我看来，学习的核心并不在于你选择的媒介，而在于人本身。

每个人在开启新的学习体验时，都会带入自身以往的经验。这最终会影响学习体验以及学习体验的结果。我们应当尊重每个人的个性，适配他们的需求和特性，为每个独一无二的个体打造特别的体验。

人们渴望被认真对待，他们想要学习、理解真实的事物。那么，如何赋予体验以真实？

答案就是，真实性。

一个真实的体验能引起学习者的共鸣，因为它本质是真实而诚挚的，这与虚假与肤浅的安排恰恰相反。

有深远影响的体验

信息与知识的区别在哪里？意义大有不同。我们所学习的东西赋予了我们是谁，以及我们做事的意义。要想进行有价值的传递，学习体验本身必须是有意义的。如果我们所学的事物并不具有真正的意义，那么学习也无从谈起。

从你学习的东西中找到意义，是一种让你想要继续下去的奇妙体验。

学习需要有挑战性，没有挑战，就难以实现真正的学习。挑战使学习充满乐趣。克服障碍、从失败中汲取教训，都可能成为良好的学习体验。正如打游戏一样，难度适中的挑战可以让玩家一直玩下去，直到游戏结束。你应该希望自己的学员也能做到这一点，并让他们为自己的坚持不懈和取得的成就感到骄傲和自豪。

最后，每个人的心中都有一位令他们永生难忘的老师。老师的谆谆教导对他们的人生产生了深远的影响。要想一段学习体验持久，就需要真正触动学习者，在不同的层次上与学习者建立连接，不仅是认知层面，还包括情感层面，甚至是心灵层面（如果可能的话）。

第 3 章

This Is Learning
Experience Design

学习体验
设计是
这样的

只有经历过的事情才会变得真实。

——约翰·济慈（JOHN KEATS），诗人

学习体验设计秉承着以人为本的原则，通过设计学习体验来帮助学习者实现目标结果。

定义学习体验设计

学习体验设计提供了一种全新的思考方向——去探索和打造能从经历中学习的体验。从本质上来说，学习体验设计就是利用设计技能，深入理解在某些特定情境中，什么样的体验对个人或者一个群体的效果最为显著。

为了让你更好地理解学习体验设计是什么，我们将在本节中将其细分为三个部分来讨论：体验（经历）、设计以及学习（见图3.1）。虽然每个部分看上去都很独立，但是将它们融会贯通，就能更为全面、更为深入地理解学习体验设计，尤其是理解以人为本和目标驱动这两大特征。

在此之后，我们将深入研究学习体验设

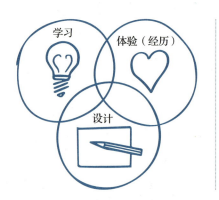

图 3.1 学习体验设计的组成部分

计的起源，并借助四象限法，描绘出一个概念框架，从而给出学习体验设计所涉及的领域及其跨学科的特性。

我们还将讨论学习体验设计与其他相关学科的不同点与相似点。最后，我们会探究成为一名学习体验设计师所需的品质，以及如何在这四个象限中游刃有余地工作和生活。

体验（经历）

我们所有的知识和技能都源于体验（经历），这是不争的事实。既然我们是通过体验（经历）学习，那么为何不把学习本身构建成其中一种体验呢？

何为体验？我们常常把那些印象深刻、令人震撼或者出乎意料的事件称为体验，比如乘坐过山车、环游世界或者偶遇名人。虽然这些体验确实都属于我们的人生经历，但这些其实只是冰山一角。实际上，我们大多数的体验都发生在日常生活中，比如通勤、吃晚餐，或者哄孩子上床睡觉。

简而言之，体验（经历）就是任何你亲身参与过的、占用了你生命中的一定时间并给你留下印象的情景。

基本上，从你醒来之后到你入睡之前所发生的一切，都是你的体验（经历）。

当然，并不是所有的经历都具有学习价值。有些甚至过于枯燥乏味，最好能直接忘掉。幸运的是，我们每个人都在人生长河中积累了一些深刻的经验与教训，令人受益终身。无论这样的体验（经历）是精心设计出来的、完全偶然的，还是介于两者之间的，作为学习体验设计师，我们的目标就是创造这样的经历/体验。

设计

学习体验设计是一门需要创新思维的设计学科。你可以通过运用设计师的视角、技巧、方法和工具，创造出令人难忘且充满意义的学习体验。

作为设计师，我们在创造的时候要围绕着特定的目标用户、市场需求或者不同群体而展开。为满足不同人群的需求、渴望和目标，最终成果将会呈现出迥然不同的形态。比如，你需要为某个用户设计一个网站，为某类观众设计一张海报，为某些玩家设计一个游戏，为某种读者设计一张可视化的信息图表。通过深入分析你的设计对象并运用同理心去理解他们的需求，你将能够拿出别出心裁的创意和优雅的设计，使人们乐在其中并对其赞赏有加。这需要将创新能力与分析能力融合，并且选择一个有潜力孕育出激动人心的创新方案的方法论。

选择一个能充分释放创造力的设计方法论是至关重要的。为什么？因为这个过程是迭代的、灵活的、无法预知结果的，这是学习体验设计的核心。学习体验设计可以鼓励并赋能你去尝试新事物，同时也能帮助你聚焦创新，合理引导你所付出的努力，助你在各个层面都能拿出行之有效的方案。

学习

学习体验设计关注的是学习，不是教学、指导、教育或者训练。我们的焦点在学习者身上，以及他们的亲身体验（经历）。

学习的方式各种各样。可以是有意识的努力，也可以在无意识中发生。学习不始于你坐下翻开这本书的那一刻，也不结束于你合上这本书的瞬间。如果你能够积极地琢磨、反思和实践，将别人的知识变成自己的知识的一部分，你能学到的真东西将远远超乎你的想象。

假设你想学习某样东西，就需要将你的感官打开。当你的感官保持活跃时，你就是在体验。这就是没有体验就无法学习的原因。

当你正在体验某种东西时，你就是在学习。每一次体验，你的大脑都在强化已有的神经连接、长出新的神经连接、改变现有的神经连接。

这意味着你的大脑结构会因每一次新的体验而发生微妙的改变。学习与体验是相伴相生的，这也从侧面说明了你只要体验了就无法拒绝学习。

关于学习的理论和应用策略数不胜数。

具体要采用哪些理论和策略，取决于你设计的体验类型。学习体验设计的基本理念是理解人们如何从体验（经历）中学习。这是一个大话题，我们将在第4章中深入探讨。

正如前面讲到的，你的目标是设计一种能够使学习者达到预期学习效果的学习体验，到底该如何实现这一点呢？答案就是运用你的设计技巧，让学习体验做到以人为本和目标驱动。

以人为本

学习不仅是一个人的事情，还是一个人与人沟通交流、相互学习的社交过程。在设计的过程中，始终心系着"人"本身，就是我们常说的以人为本的设计。

这正是学习体验设计如何及为何能够发挥作用的关键因素。这意味着你需要：

- 了解学习者，也就是你的设计对象。
- 能够设身处地理解他们作为学习者的感受。

你要了解学习者的内在动机是什么，以及如何点燃他们的驱动力。这就是我一直在强调，通过访谈和观察（用户研究）来接触你的目标受众是不可以被省略的原因。另外，让学习者参与共创也可以带来宝贵的观察与领悟。

人是理性与感性交织的存在。每个人都有自己的需求、愿望、希望、恐惧和疑虑。一个出色的学习体验必须能与个人层面建立关联。能够识别出不同的学习者群体，甚至个体学习者的差异，并据此采取行动是至关重要的。

要成功实现这一点，你不仅需要了解你的目标受众，而且需要懂得人们如何从体验中学习、认知规律和学习机制等。不妨尝试咨询一下神经科学家、学习科学专家、认知心理学家，或者与相关领域的专业人士开展更深入的合作。

以目标为导向

如果你无法达成自己的目标，那么一切学习体验都将毫无意义。选择并设定正

确的目标，是设计任何学习体验的关键环节。

同大多数设计项目一样，这个环节可能会很有挑战性，这主要取决于你正在设计体验的规模和复杂程度。最先需要明确的是项目目标，这通常由客户来决定。

接下来，你必须构思一些体验活动，帮助学习者在这个环境中实现他们的特定目标。一般的学习体验设计师与杰出的学习体验设计师到底有什么区别，在这个环节就能充分体现出来。

我们将在第 6 章中详细介绍：一个结构化的、系统式的创新工具将如何让你如虎添翼。

在学习体验设计中，你需要为学习体验选择恰当的形式、媒介或技术工具，这个决策主要基于学习者的目标。只有以目标为导向，你才能清楚地知道自己应该怎么做！

一旦明确了期望的学习成果，设计过程中的每个决定，包括你选择什么样的媒介或技术，都将是为了实现最终的学习成果：始终将目标铭记于心。只有清楚你的目标是什么，才更有可能实现。

学习体验设计的起源

现在，你已经了解了什么是学习体验设计。接下来，我将更深入地探讨学习体验设计的起源——它从何而来？

我为你安排了两个故事：一个是我的个人经历，另一个是相对学术的介绍。后者讲的主要是设计和教育两个迥异的学科是如何融合为学习体验设计的；我的故事讲的则是，在开拓和发展学习体验设计这个新领域的进程中，我扮演了什么样的角色，待我娓娓道来。

让我们回到命运齿轮开始转动的那一刻：2007 年的夏天。那时，我一边担任着老师的工作，一边兼任着互动设计师。当我以设计师视角在教育领域工作时，很快，我便发现我对教育的思考方式在很多方面与他人不太一样。

作为一名设计师，我总是习惯于先弄清楚人们需要什么，以便为他们量身打造合适的设计。然而，作为一名老师，这个习惯却被反过来了，我常常需要告诉学生哪些是重点，而不是去主动询问和倾听他们需要什么。但是，我真正想做的其实是为他们设计难忘的学习体验，关注他们的个人成长，而不仅是整理、传递和评估教学内容。

然而，在传统的学习环境中，要想打造以人为本的学习体验是一件极其困难的事情。任何想法都必须与大学的学习体系相契合，这导致我几乎没有时间和空间去探索尝试。在这个过程中，我遇到了形形色色的学生——他们每个人都独一无二——却都被塞进了近乎一致、能一眼望到底的学习模式里。于是，我看到了许多可以改进和优化的地方。

那个夏天，一个问题在我心中回荡：我们是如何学习的？

答案清晰而简单：我们从亲身体验中学习。

作为一名交互设计师,我已经在设计体验了。我通过设计交互流程帮助用户实现他们想做的事情。有时候我在想,我的设计技能是否能延伸到更多的方面,例如设计人们的学习体验呢?正是这一想法促使我探索了一个全新的概念——学习体验设计。

当我第一次在谷歌中搜索"学习体验设计"时,搜索结果令我感到震惊。竟然一条相关信息都没有!关于学习体验设计实在是一片空白,看起来就像是一个未开垦的荒野。

然而,作为一名设计师兼老师,将设计专业知识运用到教育领域几乎是顺理成章的。我不禁问自己,为何不借助我的创新力来为学生打造更加精彩的学习旅程呢?真的有太多种方式可以拿来用了,仅仅是想想有多少种可能性就令人兴奋不已!不过,令人遗憾的是,世界上的其他人似乎对此不太感兴趣,他们不知道、不理解,也不能与我分享对设计学习体验的热情。

我承认,当我开始研发并实践学习体验设计时,这个概念还在萌芽中。体系大纲虽已形成,但还有许多细节有待完善。如今,多年的教学和工作经验已经为我打下了坚实的基础。当我创造出了学习体验画布的设计工具时,这个概念变得生动起来。世界各地的人纷纷开始使用,全球范围内的社区正在逐渐形成。时至今日,这个活跃的社区正在迅速壮大。

专业领域

学习体验设计是一个跨学科的专业领域。它融合了不同学科的元素,如交互设计、神经科学、认知心理学和教学设计等,这些元素汇聚成了一个新的设计学科。

究其根本,学习体验设计是两个领域的结合:设计和学习(见图3.2)。

学习 ⟶ 体验 ⟵ 设计

图3.2 设计与学习领域融合

当然，如果就此打住，那就过于简化了。因为设计与学习都是范围广、多元化的专业领域，这就是每个领域又被进一步划分为两部分的原因。图3.3的上半部分关注人的方面，图3.3的下半部分关注要实现的目标。

学习体验设计的实践涉及四个核心象限，每个象限从理论上描绘了在设计学习体验时你必须关注的方面（见图3.4）。

如果这四个象限中的任何一个或多个缺失，你的设计就无法顺利进行。比方说，你的确可以把学习理论全都用上，但如果过程设计得不好、学习活动枯燥又无味，那么整体体验将会非常糟糕。你可能推出了一款超赞的、为K-12学生[一]设计的游戏，但是需要5小时才能通关，这就有点不切实际了。第一，时间太长可能会导致学生无法集中注意力，第二，这也和学校日常的时间安排不匹配。

精通每个象限的领域，或者拥有能够全方位覆盖的团队，就能让你成功运用学习体验设计。

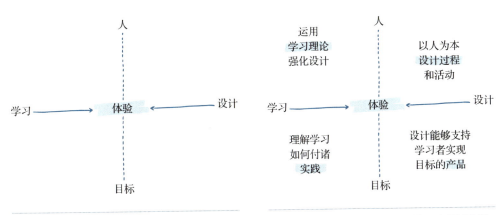

图3.3　加入人与目标的维度

图3.4　学习体验设计实践涉及的四大领域象限

[一] 译者注：K-12源自美国的教育体系，是指从幼儿园（Kindergarten）到12年级的教育阶段。

就当下而言，讲到的这些可能听上去还是有些抽象。你可能还是会好奇究竟是哪些学科塑造了学习体验设计。图3.5详细呈现了这些学科，并展示了学习体验设计的起源及其跨学科的特点。

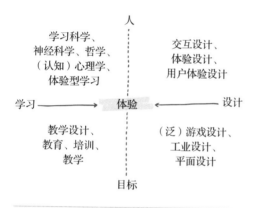

图3.5 （通常）各个象限所涵盖的学科领域

图3.5所示的四个象限中包括了众多设计和学习学科，虽然它们被定位在特定象限里，但每个学科都与其他象限相交融。每个学科的特色都为学习体验设计的底色增添了独特的属性。现在，我们来深入探讨这四个象限。

以人为本的设计理念

右上方的象限集中了关注体验的设计学科。对于用户体验（User Experience，UX）和交互设计（Interaction Design）这样的职业，以人为本的理念早已成为行业标配。人本设计的理念能让你创造出最能与用户产生共鸣，对他们来说最对路子的体验。你今日设计的体验之路，就是他们日后的亲身经历。你定义了他们可选择的范围、大致会做出的决定、要落实到行动的事情，以及如何一步步地靠近自己想要实现的目标。

以目标为导向的设计理念

图3.5的右下方的象限倾向于那些，旨在创造出有明确目标产品的设计学科。那些用来辅助或者提升学习体验的工具，需要兼顾实用价值和审美价值。就像工业设计师设计出既有功能性又符合美观的产品，或者平面设计师运用创新方法精准地传达信息一样。当然，这并非否定这些领域的人文价值。为学习体验找

到恰当适合的形态、形式，是设计有效学习体验的重要一步。

学习科学

在图 3.5 的左上方的象限，你可以看到更多关于人们如何学习的科学学科。学习体验设计师有必要理解人类的认知方式以及学习机制。将体验式学习与神经科学、心理学有机结合，是所有出色的学习体验的基础之一。某些设计领域，例如交互设计，其实与（认知）心理学存在着很多有趣的联系。设计师们常常运用心理学的研究洞察来更好地理解用户，并设计出更加直观、便捷的设计作品。

与实践接轨

图 3.5 的左下方的象限关注学习的实践方面。这是教育领域的专业人士，如老师和培训者，将学习理论转化为实际行动的地方。对于学习体验如何落地，拥有理论与实践层面的双重理解就显得尤为必要了。这方面的知识储备将为你保驾护航：哪些在真实环境下可行，哪些与实际情况不符，确保你的设计不会与实践出入太大。

对你设计的学习环境由内而外的全方位了解，将会在将方案与实践接轨的时候发挥关键作用。这些正是教学设计、教学实践擅长解决的问题。这些领域很好地考虑到了学校、公司等内部系统、架构，以及多方力量作用的复杂性。

这里还缺少什么

这份学科列表并未涵盖所有方面，但它突出了对学习体验设计至关重要的几个关键领域。除此之外，还有更多的可能性等待探索。例如，人类学、计算机科学、人工智能和建筑学等，都是值得进一步发掘的有趣领域。这些学科都能够为学习体验设计的多元融合增添不同的元素。关键是要认识到学习体验设计的多样性，并对任何可能拓宽学习体验设计师专业知识的领域保持开放的心态。根据我的经验，当面对具有较为复杂的目标和特殊类学员的设计任务时，邀请专家加入设计团队，是一种既能打开思路又切实有效的做法。

例如，我们曾多次为有学习障碍的儿童设计学习体验。多亏了几位对这类学习者有深刻洞察的专家们，我们才能设计出一种能在认知和情感层面与他们形成共鸣的体验。

回溯学习体验设计的起源，你会清楚地发现，没有哪一个单一的学科可以被视为学习体验设计的基石。正是多个学科的融合，才使得学习体验设计独一无二、富有力量。

学习体验设计与其他领域的不同之处

作为一名学习体验设计师,将学习体验设计独立看待是非常关键的,这也关乎学习体验设计未来的发展前景。

人们首次接触学习体验设计时,往往会从自己熟悉的专业背景出发去理解。一般来说,人们会把学习体验设计与他们熟悉的领域联系起来。这完全可以理解,尤其是当学习体验设计与他们所处的学科似乎极其相似时。我之所以使用"似乎"这个词,正是因为事情并不总是看上去那样。从表面上看,学习体验设计的确可能和其他几个领域很像,但当你深入挖掘时,你会发现其中本质的差异。

让单一的专业视角主导学习体验设计的定义是不可取的,因为这样会限制该领域的广度和深度。以下是我经常遇到的三种情形:

- 课程设计师倾向于将学习体验设计视为教学设计进化后的新形态。
- 用户体验设计师倾向于将学习体验设计视为针对学习者的用户体验设计。
- 老师倾向于将学习体验设计视为教育版的设计思维(Design Thinking)。

类似这样的例子真的是数不胜数(例如,学习体验设计作为体验设计的子领域,或者它是服务设计的一种形式),你已经理解我的意思了。

仔细审视一下这三种常见的观点,你就能发现这里还是存在一些问题的。想一想,如果你想成为一名老师、用户体验设计师或课程设计师,需要接受哪些教育?需要具备哪些技能?会在什么样的企业组织中工作?自己工作的产出又是什么?

这三个领域的性质完全不同,没有一个与学习体验设计如出一辙,自然也不可能是唯一的"祖师爷"。在前面我们已经提到,学习体验设计的诞生得益于很多不同领域的贡献。只把一两个领域当作学习体验设计的根源，不能客观公正地反映学习体验设计的跨学科特性，同时也无法体现要想成为一名出色的学习体验设计师所需要的特定能力。

你可能甚至会想，有必要搞清楚这个问题吗？为什么要研究学习体验设计与教学设计、用户体验设计以及设计思维之间的相同之处与不同之处呢？将学习体验设计独立看待至关重要，因为这可以：

- 提升界定的明确性。
- 尊重每个领域的独特价值。
- 从其他领域中学习。
- 确保学习体验设计的未来发展。

提升界定的明确性

人们对于学习体验设计这个术语的理解与使用方式各不相同。例如，你可能会看到职位描述上，要求学习体验设计师需要拥有教学设计（Instructional Design）学位，而非设计背景。其实，很有可能，实际上他们是在寻找一位教学设计师，却误用了学习体验设计师这个称呼——也许是因为这听上去更具有吸引力，也许是因为他们对这个领域的理解还不够？无论如何，这会造成两个误解：一是求职者被误导；二是会给人一种学习体验设计和教学设计是同一回事的印象，但事实并非如此。

普及学习体验设计是什么以及不是什么非常重要。只有这样，我们才能对学习体验设计这个领域进行有意义的讨论，尤其是与其他领域的关系。

尊重每个领域的独特价值

每个专业领域都具有其独特的属性，为客户、用户、学生、员工和其他利益相关者提供其专业价值。这种价值是由专业人士的特定视角、技能、方法和工具所构成的，如用户体验设计师贡献是设计研究方面的视角。同时，每个领域也都有其局限性。如果你在寻找更加科学的事实证据，设计研究可能并不能满足你的诉求。

知晓并理解不同领域的优点和局限性，能使你尊重每个领域的独特价值。当然，这并不是为了抬高或者贬低某个领域，而是为了客观公正地评价不同领域所做出的价值贡献。

从其他领域中学习

一旦你能将不同领域区分开来，专业人士就可以彼此互相学习了。这是我对任何从相关领域踏入学习体验设计领域的人的建议：务必要互相学习！

人们均来自不同的专业背景，这便为学习提供了极好的机会。大家都从不同的方向进入学习体验设计领域，每个方向都提供了不同的视角。拥有设计背景的实践者可以从研究学习科学的人那里学习，反之亦然。

确保学习体验设计的未来发展

对我来说，这一点至关重要。多年来，我一直致力于研究、发展和推广学习体验设计。随着学习体验设计逐渐被各界认同，不同的定义层出不穷，颇有百花齐放之势。但是这也带来了一定程度的混乱，使学习体验设计师难以清晰地介绍自己与这个领域。

"如果学习体验设计没有什么新颖或独特之处，为什么要雇用学习体验设计师呢？"

我已从世界各地众多学习体验设计师的口中听到类似这样的言论，或许你也正遇到了同样的问题。相信你的挑战在于，如何向那些不理解或不愿理解的人准确地传递你想表达的东西。你可以借助本书——特别是本章的深入分析——来巩固你的立场，并说服他人认识到学习体验设计的真正价值与独特之处。

如今，学习体验设计可能会被其他更广为人知的领域占据认知。在美国，教学设计就是这样的一个主流领域。这就造成了一种误解，人们可能会将学习体验设计视为"只不过是教学设计的另一个称呼罢了"。由此，学习体验设计可能会被教学设计同化，失去其许多独特之处。

作为一个新兴领域，学习体验设计还资历尚浅，与更多成熟的领域相比略显稚嫩，这个领域的实践者们仿佛在进行一场逆流而上的战斗。幸运的是，全球的学习体验设计社区正在稳步发展，越来越多的人对这一领域逐渐形成了基本的认识。

随着更多的专业人士感受到学习体验设计的价值、看到其与众不同之处，他们也逐渐认同这个理念并成为这个理念忠实的拥护者与倡导者。这一点极为关键，因为只有我们将学习体验设计与其他领域区别开来，才能保证学习体验设计的发展前景，才能够向同事或者客户清晰地讲出其中的不同之处。只有这样，我们才能真正认识到学习体验设计的价值，把它当作一个独立的学科领域来认真对待。

我们已经弄清楚了为什么要将学习体验设计与和其相关的学科进行区分，现在是时候深入研究具体的相似之处和不同之处了。我们将深入研究教学设计（Instructional Design）、用户体验设计（User Experience Design）和设计思维（Design Thinking），这三个相关领域。

在深入研究这些问题之前，我想强调，这绝不是一场竞赛。没有哪一门学科比其他的更优越，每一种方法都有其优点和缺点。我们进行比较只是为了凸显差异，而不是为了争论哪一种是最好的。

学习体验设计与教学设计

学习体验设计最常被人们拿来与教学设计进行比较。

从表面看来,这两个领域似乎差不多。然而,当你深入研究时,你会发现它们在一些基本面上存在明显的区别。你知道吗?其实教学设计在欧洲的知名度远低于美国。在我第一次听说教学设计时,我已经在实践和教授学习体验设计了。随着我对教学设计了解的更深入,我发现学习体验设计和教学设计在视角、技能、方法、工具以及成果等方面存在着巨大差异。接下来,我将逐一解释这些主要差异。

视角

将学习体验设计和教学设计类比为科学家与艺术家,可以更为直观地解释这两者之间的差异。教学设计会结合更多科学研究的视角,更像是应用科学,学习体验设计则有更多的创新视角,更像是一种应用艺术。试想一下,一名科学家和一位艺术家分别尝试解决同一个问题,他们的方法和解决方案自然会截然不同。两者都有价值,并非孰优孰劣。这同样适用于教学设计和学习体验设计。应用科学和应用艺术都是有效的方法,只是各有其特点和局限性。

教学设计起源于教育领域,其设计初衷是解决中大型组织机构中学习方面的问题,重点往往是关注可评测的结果。之所以这样做也有其道理。我认识几位很优秀的朋友,之前在大学学的就是教学设计,现在也在大学这种大型组织中担任教学设计师。

学习体验设计则来自设计领域,通常由独立的专业人士或小型组织进行实践。所有的设计学科都非常重视创新和以新视角解决问题。

作为一位在传统大学任教多年的创新专业人士,我一直觉得自己像个局外人。

虽然作为局外人有时候会很难，但这也带来一种独特的自由，因为你会以不同的视角看待并处理问题。你并非系统的一部分。这就是学习体验设计令人着迷的原因之一，它为学习领域提供了一种全新的视角。

技能

想象一下典型的创意型人才，例如平面设计师，这类设计师都具备哪些技能？他们需要拥有敏锐的洞察力，善于站在目标受众的角度去感知，能够提出原创的想法，可以通过勾勒草图等可视化的方式来阐明和概念化这些想法，创作、迭代不同的设计方案，以及能够构思出令人惊奇的表达方式。对于学习体验设计师而言，这些都是理想的品质。这些技能也同样可以被学习体验设计师拿去设计出同平面设计师的作品一样，构思精巧、别出心裁、令人惊喜的体验。学习体验设计的根源深植于创新设计领域。

教学设计则源于学习领域。学习、教育行业的专业人士来自完全不同的行业和专业领域。他们具备如开发内容、设计课程的关键技能，完美契合学术或者企业的教育体系。他们也能够高效地设计标准化的在线学习课程。这就需要更多的分析、策略和科学方法，而非艺术才能。正如教学设计这一称呼一样，教学这一动作扮演了重要的角色。教学设计可以追溯到军队，在那里明确的教学指导至关重要。这些教学原则使教师、培训师和指导师能够完成他们的工作，并为学习者提供清晰和结构化的指导。

方法

教学设计强调设计的方法论。根据美国人才发展协会（Association for Talent Development，ATD）的网站，教学设计师会运用系统化的方法论（基于教学理论和模型）[一]。它常常采用一个清晰的、线性的、逐步推进的过程。每一步都建

[一] 请在 www.td.org/glossary-terms 上查看"instructional design"条目。

立在上一步之上，引导你创建一个扎实、有据可依的设计。

然而，尽管学习体验设计的过程也是结构化的，但它在过程中提供了更多的空间让你创新，你可以快速地构思不同的想法、设计和原型，然后通过迭代进行改进。设计师们由衷地热爱这种不可预知性，从不会预设结果是什么。这种创造性和实验性的过程会激发灵感，逐渐引导你找到恰当的形态或形式，就像雕塑家将石头雕刻成雕塑，或画家将空白画布变成一幅画一样。

当然，无论是教学设计师还是学习体验设计师，他们都需要经历类似的基本步骤，包括研究、设计、开发、测试和实践的基本操作。乍看之下，教学设计和学习体验设计的过程可能没什么两样。

然而，具体的步骤、推进的方式，以及你在过程中关注的重点并不相同。

例如，学习体验设计的一个重要环节是原型设计，将原型进行测试，再通过多次迭代不断改进。这种操作就有机会让你去尝试新鲜事物，并将刚刚出炉的原创想法变成现实。如果你想创造出独特的设计，这种实验性的方法不可或缺。

ADDIE方法论是一个广为人知的教学设计过程，其中每个字母依次代表分析（Analysis）、设计（Design）、开发（Development）、实施（Implementation）和评估（Evaluation）。这个系统化的方法论更侧重于学习的有效性，从常规操作上来说并不会反复迭代。如果每个步骤都做到位，在开始开发前设计也已经详尽地考虑过，那么ADDIE的效果会很好。只不过，这个方法论为实验创新提供的空间着实有限。

总的来说，教学设计的过程需要分析型的思维模式和科学方法，这能使你发现并确定帮助学习者实现他们的目标的最佳方案。

学习体验设计师则拥有创新型的思维模式和设计技能。这能使他们超越已有的选择，创造出一种新方式来帮助学习者实现同样的目标。这个过程本身便会支持你在旅途中寻找全新的解决方案，也能够促使学习体验设计师打造出前所未有的学习体验。

工具

在教学设计项目中，我常常看到学习管理系统、线上教学设计软件、办公软件的身影。然而，在创设学习体验时，你可以使用各种各样的工具，学习体验设计师更倾向于使用能够为他们进行量身定制的工具，例如 Adobe 软件、定制化 APP 开发、游戏技术、各种网络技术，以及必然会使用到的便利贴和速写本。

另一个区分教学设计与学习体验设计的关键之处是，你设计的内容是什么。设计一段体验不同于设计一门课程、一个线上学习模块或者一个课程大纲，可能要用到不同的方法和工具。

例如，你该如何为一段学习体验打造原型呢？可能性实在是太多了，可以说是无穷无尽。这就是在创作过程中，当需要让无形的事物变得更具形象化时，体验地图、共情地图和用户画像等设计工具在学习体验设计中扮演着关键角色（更多内容请看第 7 章）的原因。

当然，工具还只是工具。谁来使用这个工具、如何使用这个工具，最终决定了实际结果的品质。比方说，当我为一群小学教师介绍学习体验画布（Learning Experience Canvas）时，他们只是根据画布的要求，把日常所做的事情稍稍调整了一下，又原封不动地放在了画布上。最终他们得出的结论是，"换汤不换药，还是老一套"。然而，当我向他们展示使用学习体验画布的正确方法时，他们才改变了自己的认知，设计出的结果也发生了翻天覆地的变化。他们不再是像完成任务一样填空，而是从围绕着学生体验的视角激发出新想法。原来学习体验还可以以这种方式呈现出来，这令他们大开眼界。

只有以不同的方式看待事物，你才能以不同的方式去做事情。

要让教育工作者改变思维方式需要时间和努力。当我向教学设计师介绍学习体验设计时，也经历了同样的认知转变。理解学习体验设计首先要打开思路，这样才能产生无限可能。

成果

不难想象，如果采用的视角、技能、方法和工具均与以往不同，那么你得到的结果自然也大不相同。这个想法非常正确。我从培训过的学员作品中、那些专业人士的作品集中，都看到了这一点。需要明确的是，这里依然并非评价孰优孰劣，因为学习体验设计和教学设计完全是在满足不同客户的需求。比方说，很多学校或者公司希望定制一套基于成熟体系、经过实践检验过的解决方案，那么这种情况下，教学设计显然更胜一筹。

毕竟通常来说，学习体验设计需要花费更多时间，因为你每次都是从零开始去创设一个独特的体验设计。而且在设计的过程中可能还需要客户直接参与，而这一项往往不太会被优先考虑。那些被学习体验吸引来的客户之所以愿意尝试新事物，主要是因为现有方案均无法实施，所以他们才愿意投入时间和精力来设计一些更特别的新东西。更多案例请参见第 8 章。

学习体验设计与用户体验设计

学习体验设计的起源和发展离不开用户体验设计。

学习体验设计和用户体验设计之间有着许多相似之处,只是当设计的对象从用户转变为学习者时,出现了一些质的不同。

学习体验设计和用户体验设计同属于创新设计的泛领域。事实上,学习体验设计采用了许多用户体验设计的核心设计原则。例如,以人为本的设计理念和目标导向的设计原则,这些都与交互设计、游戏设计和图形设计等其他创新领域一脉相承。

如果你观察一下设计用户体验的标准流程,就会发现很多方面和设计学习体验似曾相识。例如,两者都需要开展设计调研、原型制作和用户测试。

本质上来说,任何创新过程从初步构思到最终设计,都要经历一系列类似的基本步骤。就像学习体验设计一样,每个设计领域都会基于这个流程,派生出属于自己的版本。比方说,平面设计通常不会进行用户测试,但是学习体验设计、用户体验设计和游戏设计都会进行用户测试。

到目前为止,你可能依然会认为用户体验设计和学习体验设计几乎完全一样。然而,事实并非如此。让我们看一下用户体验设计和学习体验设计之间的一些本质区别。

区分用户与学习者

在学习交互设计的过程中,我明白了很重要的一课:设计师并不是用户。

一言以蔽之,你并不是设计的目标人群,所以不能仅凭自己的直觉,就假设你了解用户的真实需求和期望。这是在提醒我们要认真对待设计研究,在设计开始之前就要了解自己的用户。除此之外，还需要深入洞察人们的学习方式，以及能够促进他们学习的有利条件。

一位用户想看电影，一名学习者想说一口流利的外语。这就是用户体验设计和学习体验设计的差异。学习体验设计师并非常规意义上的学习者，同样，学习者也并非常规意义上的用户。用户和学习者的需求与目标有着本质的不同。

普通的互联网产品用户或许想在流媒体平台上看电影，也可能使用日历 App 以确保不漏掉重要的生日。学习者们则期待着掌握一门外语，努力成为更出色的企业家，或者满足职业晋升的要求。

就以往的经验来看，用户体验设计源自以任务为中心的思维方式，重点在于打造产品的使用体验；学习体验设计则着眼于设计有助于学习者实现预期学习成果的体验。毫无疑问，这两种体验都能丰富你的生活。拥有一部用户体验卓越的手机可能会让你更加愉快。这不仅是操作上的便利性，而且是关于帮助人们如何更便捷地与所爱之人沟通交流，更轻松地享受所爱之物。

同理，一段出色的学习体验也可能在观点、知识、技能和行为上，为你带来前所未有的突破。为你在个人成长、职业发展和学术领域上带来诸多好处。显然，不同的设计结果服务于不同的需求和目标。

用户　　　　　　　　学习者

在这一点上，研究、清晰化这些需求和目标的方法是类似的。例如，用户画像这一工具对于用户体验设计和学习体验设计都很有帮助。当你将 App 的用户画像和学习者画像放到一起比对时，你会发现它们在结构层面相似，在内容层面却有所不同。就拿学习者来说，我会考虑更多，例如从认知、社交、生理和情感发展等多个维度考虑。这些对于普通用户来说可能不是必要的，或者只有在与某个特定的产品或者服务相关时才需要纳入考量范围。

用户的选择与学习者不同

这两个领域都会借助认知心理学来理解人们背后的动机、解释做出的选择。通常来说，用户和学习者面对的各种选择是不一样的，决策的逻辑也不尽相同。比方说，在一个为期一年左右的培训项目中，学习者可能会经历一个极其复杂的心理过程，自身的驱动力也可能会如过山车一般跌宕起伏。因此，充分理解学习者会经历什么，并且提供一个能够激励、吸引、赋能他们的学习体验是成功的关键。

不同类型的体验

用户体验设计更注重用户与产品或者服务之间的交互。例如，想想你在预订航班时需要做的所有步骤。从搜索飞机票到最终付款，整个过程主要通过应用 App 和网站来完成。总的来说，用户体验设计对数字（在线）体验来说是至关重要的。

学习体验设计的范围相当广泛，因为人们学习的方式多种多样。学习体验既可以是高科技的互动数字体验，也可以是完全零技术的线下体验。我曾经运用各种元素，如游戏（棋盘）、音乐、应用 App、在线学习、体育运动、剧院、虚拟和公共空间等，创造了形形色色的体验方案，可能性真的是无穷无尽。

此外，学习体验与用户体验在规模和范围上也略有差异。通常情况下，学习体验的挑战在于如何做出更恰当的设计选择，来展现出更高层次的复杂性和多样性，没有上限；用户体验设计的挑战则在于如何牢牢地抓住那些随时都有可能关掉 App 的用户，下限很明显。无论是用户体验设计还是学习体验设计，都需才华横溢的设计师巧妙构思，以确保提供高质量的体验。

简单与挑战性

用户体验设计师的使命是打造尽可能简单且轻松自如的体验，致力于把过程中的摩擦、卡顿和困惑统统消除，为用户展现一场行云如流水、优雅的交互体验。出色的用户体验应当是不费吹灰之力的，然而出色的学习体验常常是充满挑战的。

学习的本质在于挑战自我，只有超越过去的自己，才能持续不断地成长。既然是挑战，就需要具备一定的难度。如果太过简单，就学不到什么东西。一个人的成长是持续不断的挑战过程，因此作为学习体验设计师，你的任务是为学习者提供刚刚好的挑战难度。既不能太难，令人挫败，也不能太简单，让人感到厌倦。从这个角度来说，学习体验设计可以多多向游戏借鉴，因为出色的游戏总能为玩家提供恰到好处的挑战难度。

学习体验设计与设计思维

当人们谈及学习体验设计时，设计思维常常会被一并提及。**设计思维在商业和教育领域的逐渐普及也间接助推了用户体验设计的成功发展。**

尽管学习体验设计与设计思维存在着某种程度的关联，但将两者直接比对并不容易。

过去，设计领域宛如一座孤岛，那是设计师们的乐园，他们致力于让事物看起来更美观、感觉更协调、运作更高效。这对设计师来说是一片乐土，但对外人来说，却是难以踏足的区域。

时至今日，设计可谓无处不在，已渗透生活的每一个角落。设计师们走出孤岛，运用天赋涉猎更广泛的领域。曾几何时，设计仅限于海报、书籍封面、App 界面交互、时尚和家居等，如今则延伸到服务、活动、环境和学习体验的创造之中。

设计渗透其他领域的这一转变促进了设计思维的兴起，搭建了一座从设计孤岛到大陆的桥梁，让设计师和非设计师能够更好地理解彼此并相互协作。这无疑是个好消息，但这也使得像设计思维和学习体验设计这样的设计学科更难区分。

设计思维是一种解决创新问题的方法论。传统意义上，解决问题使用的是一种系统化、近乎科学的方法。这种系统化的科学方法是学习领域中，诸如教学设计的核心特征。这些学科应用科学原理进行有效教学，从而支持学习和提升表现。

设计思维采用了一种完全不同的方法，少了一些理论，多了一些探索、测试、共情和创造。同用户体验设计、交互设计和平面设计一样，学习体验设计也是一门设计学科。这些领域共同启发了设计思维。所以，当你发现学习体验设计和设计思维之间颇为相似时，那是因为设计思维借鉴了来自设计学科的元素，而学习体验设计正是设计学科的一种！

需要明确的是，并不是必须成为一名学习体验设计师才能从学习体验设计中受益。如果你来自教育领域，你可以通过使用设计思维来提升你的课堂、课程或培训。例如，作为老师，你可以借鉴设计思维中以人为本的设计原则来重新设计你的某堂课，这肯定会改善学生们的学习体验。这么做是有价值的，不过这并不等同于专业的学习体验设计师。

学习体验设计师

你是什么样的设计师、怎么做,以及会采用哪些工具,决定了你最终能设计出怎样的学习体验。

学习体验设计的三大要素分别是:设计师、设计过程以及设计工具(见图3.6)。

在这一章中,我们主要探讨的是设计师的角色。成为一名学习体验设计师需要什么,以及学习体验设计对你来说意味着什么。在后面的章节中,我们会探讨要想设计成功的学习体验,需要搭配怎样的设计流程和工具。

客观来说,任何人都可以设计学习体验。实际上你也一直是这么做的,即便你可能还没有意识到。想想看,你是不是每时每刻都在为配偶、孩子、朋友或亲戚提供着学习体验,不过并不是以一个专家的身份,而是作为伴侣、家长、朋友或亲戚。

你带领孩子们去博物馆,与他们分享你对20世纪初欧洲艺术的热爱;你推荐了一本振奋人心的书给心情低落的朋友;你与亲朋好友进行了一次有意义的交谈并给了她一些宝贵的建议;你辅助伴侣为一场重要的报告做准备,为对方提供了反馈、增强了信心。

这些都是我们日常生活中学习体验的真实案例。它们是积极的、个性化的、深刻的体验,为其他人带来了积极的影响。

 设计师

 设计过程

 设计工具

图 3.6 学习体验设计的三大要素

现在你或许会想，如果任何人都可以设计学习体验，那为什么要读这本书呢？成为学习体验设计师又有什么用呢？

非常好的问题。其实，我们讨论的并不是随便任何一种学习体验，而是要设计出一种能够应对更具挑战性的复杂任务的体验。在我的设计公司，我们习惯于与各种类型的客户合作，并时刻准备着应对他们抛出的任何问题。而且每一次，我们创造的设计都与以往不同，因为没有两个学习者是完全相同的，自然也没有100%相同的项目。设计出这样的体验需要更加专业的设计技能，历经扎实的创新过程，以及采用最恰当的工具。

我有时会觉得，人们低估了成为学习体验设计师所需的条件。毕竟没有人期望一夜之间成为平面设计师或游戏设计师，但我看到有人仅花几秒的时间把工作头衔稍作修改，转眼便成了学习体验设计师，内核却没有丝毫改变。这也许是因为，学习体验设计听起来更吸引眼球，或者他们认为这更能反映出他们希望做的事情。无论如何，我认为，在成为学习体验设计师之前，对学习体验设计有一个深入的了解和掌握是非常重要的。

当你开始在设计过程中实践学习体验设计的原则、方法和工具时，你大概率会遇到许多挑战。这本书支持你在精通学习体验设计的道路上更加游刃有余地面对前方的挑战。

学习体验设计师的实力

学习体验设计师是创新方面的专业人士，能够使用设计技能、方法和工具来设计可学习的体验。

那么，要想成功地做到这一点，你到底需要掌握哪些能力呢？

为了回答这个问题，我仔细观察了我与团队为满足服务过的学习者所做的努力。同时，我也研究了之前培训过的许多人，分析了他们在成为学习体验设计师的过程中掌握了什么技能、具备了哪些品质。于是，我总结出了一个学习体验设计师应该能够做到的以下八件事：

以创新为驱动力

学习体验设计是一门设计学科。作为设计师，你会运用创造和创新才能提出原创的构想，进而将这些构想概念化，为你的设计找到合适的呈现形态。创造力不仅是激发设计环节的火花，更是整个设计过程的动力来源。

兼具创造型与分析型思维

在设计学习体验的过程中需要不同的思维模式。在进行研究时，你需要不断地在分析与创造思维之间来回切换，进而打造、测试并完善你的设计。灵活转换思维的能力会让你在设计过程中保持高效，充分发挥两者的互补优势。

打破既有认知

我们都对学习有一些先入为主的观念。这些观念源自我们在学校和工作中的所见所闻。因此我们很容易再次回到老路上去，从而设计出与以往相差无几的老一套，错过彻底重塑学习体验的机会。不妨试着放下你已经知道的，自由地发挥创造力，换种方式做事。

以学习者为中心

以人为本的设计是创设引人入胜的、有效的学习体验的关键前提。运用同理心去让自己与学习者一同感知，可以助你设计出真正奏效的个性化学习体验。永远不要忘记，在你的工作中，学习者始终是最重要的存在。

融入（神经）科学的观点

深入研究人类大脑的运作机制以及学习规律，同样能助你一臂之力，为学习者设计出达成目标的有效的体验。你需要向（神经）科学家们学习，与他们合作，将他们宝贵的见解和研究融入你的设计之中。

务实与理想的平衡

学习体验设计师不断拓展边界，尝试为复杂问题找到创新且优秀的解决方案。同时，你应当考虑到实际的应用场景，使你的设计尽量简化和实用化。尝试在最疯狂的点子和恰当的现实主义之间找到完美的平衡。

选择合适的技术工具

选择恰当的技术工具是能否设计出出色的学习体验的关键。学习中采用的技术工具只是一方面，更重要的是人们和他们希望实现的目标。因此，你在选择技术工具时，应当以学习者以及期望的学习结果为出发点。请记住，技术工具始终是达到目的的手段，而不是目的本身。

整合不同的视角

一个学习体验设计项目可能涉及多个利益相关者，如学习者、客户、专家、科学家或软件开发人员。他们都有不同的需求和期望。你的责任是整合他们的视角，为他们创造一个大家都满意的学习体验。

精通学习体验设计

学习体验设计是一个跨学科的领域，吸引了不同背景的人士。就像你一样，我们每个人走来的路都是独一无二的，并且我们还将在学习体验设计的路上继续前行，直到精通。

你是谁、你来自哪里，决定了你擅长什么，同时也确定了为了精进设计学习体验，你还需要提高些什么。

有许多来自教育圈、创新领域以及其他专业的人士，被学习体验设计的理念、方法和工具吸引。我已经遇到并培训了不少这样的人。

其中不乏希望找到激励学生的方法的老师们、努力让自己的培训项目更引人入胜的培训师、想要突破传统解决方案的公司、寻求新视角与技巧的课程设计师，以及希望挖掘学习者的特殊需求，从而开发与之匹配的教学项目的体验设计师。

这个多元化的群体有两个共同点：对学习的热情，以及想要找到更好的学习方式。

当你看到定义学习体验设计的四个象限时，你也需要知道自己当前处在哪个位置（见图3.7）。如果你知道自己掌握了哪些领域，那么就很容易看到缺少的那部分。理想的情况是，你最好能覆盖四个象限，但首先你需要知道你的起点。

让我们更仔细地看看这四个象限，并看看你最能认同哪一个。

过程：设计中的人文视角

你将习惯于为人们提供一种体验，使他们能够以愉快的方式去往他们想去的地方。

秉承着以用户为中心的理念，你将始终关注为之设计的人群。你将他们的目标、愿望、需求和疑虑整合为一个完整的、有逻辑性的且愉快的体验。由于你习惯在你的设计中加入（认知）心理学的元素，所以你熟悉设计更加科学的一面。搭配上用户研究和用户测试，很明显，你完美兼具创造型与分析型思维。

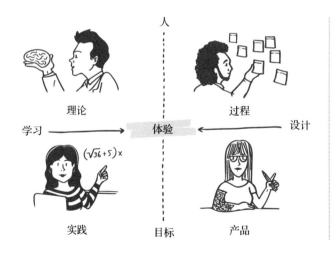

图3.7　学习体验设计：四大象限

从实际操作的层面来说，为现实的学习环境（例如，学习或者培训空间）设计体验可能会面临一定程度的挑战。教育领域有许多明文的规定和不成文的规则，你也要考虑进去。例如，小学老师们通常时间很紧张，他们的班级人数多、杂事也多。当你为这类课堂设计时，就得快速、简单，否则他们会立刻失去兴趣。

由此可见，了解并理解在不同环境中学习和工作的人，如学生、老师、培训师、经理、校长和公司是非常有必要的。

产品：目标驱动的设计

你要把一个想法转变成人们可以与之共鸣、产生连接的形态。你的设计可以传递信息、提供功能性、操作简单且具有审美价值。

人们喜欢与呈现在眼前的设计互动，无论是一个实物、一个视觉设计，还是一款游戏。源源不断地产生新点子的能力，可以帮助你打造出新颖且真实的体验。当标准化的教育产品无法实现你想要达到的特定目标时，就是你大放异彩的时候。

设计用于学习体验中的产品需要一系列特定的技能。虽然这只是体验中的一部分，但是为你的设计选择恰当的媒介或者技术工具也需要一番斟酌，这能充分体现出学习体验设计师的核心素养。

目标本身可以是多种多样的。虽然学习者最关心的事情也应当是你最重视的，但是其他利益相关者也有自己的考量，所以你需要通过设计来权衡这些目标，达到成功的理想状态。

理论：学习与人有关的方面

研究人脑和行为是理解人们如何学习的关键。

采用科学的方法来解释人们做事的动机。通过研究，你能为具体的行为方式找到相应的理论基础。相关的学术研究可以帮助你做出更加全面、深思熟虑的选择。通过评测和验证，可以明确某个学习体验是否有效，以及为什么有效。

学术圈有时会与现实世界脱节。若理论

无法被付诸实践,会令人感到遗憾。因此,为理论观点找到实际应用,对学习者来说是一件极有价值的事情。

学习体验设计需要兼具创造型与分析型思维。激发你的创造力将在打造更好的学习体验时发挥重要作用。如果你的强项是科学思维,那么在创新方面增加技能点可能会稍有难度,但不要让这种阻碍阻止你前进的步伐。只需看看列奥纳多·达·芬奇(Leonardo da Vinci)是以何种令人难以置信的方式将艺术和科学完美结合在一起的。

实践:目标驱动的学习

你是一位致力于学员成长的专业人士。你的学生或培训对象能够获得他们在个人成长和发展时所需的关注和指导。

你拥有丰富的经验,掌握各种工具和技巧,可以帮助学习者实现目标并鼓励他们自我超越。你对教育系统非常了解,包括其所有的可能性和局限性。

让你放下在教育中的固有观念和做法并不是一件易事。这并不是说你之前的做法都是错的,千万不要误解。只是在需要的时候,你可以尝试一些不同的做法。有时,你需要跳出舒适区,忘记所知,从头开始。

这既可以是一种解放,也可以是一种恐惧。但只需要浅试一下,你会惊讶于竟然还有那么多值得学习和享受的东西。

你是谁

当你看到我们刚刚讨论过的四种类型的象限时,你最能认同哪一种?这意味着什么?

这意味着你可能属于那个类型的专业人士。换句话说,这就是你进入学习体验设计领域的起点。现在,你已经知道了哪一个象限是你擅长的领域。例如,如果你是一名用户体验设计师,流程设计就是你的强项,或者你是一名教学设计师,在那种情况下,落地实践的能力就是你的优势。

同时,每个象限都有其优势和劣势。作

为用户体验设计师，你可能面临在设计中结合学习理论的挑战，而作为教学设计师，你可能在学习体验设计的创新设计方面遇到瓶颈。

也许，你当前的专业知识覆盖了多个象限。你可能是一位日常为他人授课的平面设计师，或者是会设计游戏的神经科学家。在这种情况下，你已经领先一步了。你不仅需要进一步学习的领域更少，而且应该亲身体会过，跨越到新领域的挑战和红利。

知道自己擅长什么、还需要提升什么，以及面临的挑战是什么，是精通学习体验设计的必经之路。不妨对自己已经取得的成就感到自豪，对还需要学习或反学习的领域持谦逊、诚实的态度。

04 | 第 4 章

This Is Learning Experience Design

体验式学习的必修课

> 知识唯一的来源是经历。你需要经历才能获得智慧。
>
> ——阿尔伯特·爱因斯坦（ALBERT EINSTEIN），物理学家

我们如何从经历中学习？对于学习体验设计师来说这是个关键问题。在体验式学习这个领域，你将会找到答案。

回想我学习平面设计的青葱岁月，一位令我尤为敬畏的艺术老师跃然脑海。他非常严厉且易怒，凡是迟到哪怕一分钟（尤其像我这样靠火车通勤的学生，这种情况实在是太常见了），就会被禁止进入画室。那时候，没有人喜欢他，而且我们在课堂上的一大半时间都不知道自己在干些什么。在开学的第一节课上，他让我们画了好几个小时的点和线（见图4.1）。若是对此有所质疑，他就会如同火山爆发一般，怒气冲天地大声嚷道："你们或许觉得这没什么大不了的，但是这在我眼里可是大事儿。"一开始接触时，我根本无法理解他颇具个性、近乎另类的教学方法，但随着经验的积累，我渐渐领悟了。

在学习接近尾声时，也是他上课许久之后，我在走廊里碰到了他。我问他是否有空，因为我想感谢他。我告诉他，尽管他授课的方式略显奇特，但这使我明白，绘画并不仅仅是用一支炭笔在一张纸上涂涂抹抹。更重要的是，你从各个角度看到了什么，又如何把这种视觉体验转化成画面。当我对他所传授的宝贵知识和经验表示感谢时，他突然变得十分激动。他双眼泛着泪光答道："我只是全心全意热爱我所教的东西，你能真正领悟到其中的精髓，对我来说意味着很多，同样，我也要谢谢你。"

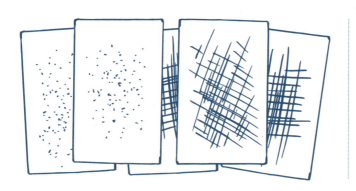

图4.1 刚开始的数小时里，我们只是不明所以地绘制着看似简单乏味的点和线

这段经历改变了我。它的影响远远超出了学会如何绘画，或是对素描构图以及工艺材料知识的探索。它彻底改变了我看问题的方式，使我成为一名独树一帜的设计师，也蜕变成为一名完全不同的人。

经历有着改变的力量，能够左右我们对事物的看法、影响我们所获取的知识、决定我们的行为和如何认识自己。观察、理解、行动与存在，这四个方面构成了体验式学习的基石。

体验式学习理论

体验式学习研究的是我们如何从真实的经历中获得知识和智慧。与主流观念不同的是,体验式学习不仅限于"做中学"。

体验式学习经常被简单理解为"边做边学"。也就是说,如果你希望学会如何做一件事,就必须亲自动手去尝试和实践,把理论转化为自身的行动。虽然这种解释十分合理,但是就体验式学习的科学性和传统意义(历史根源)来说,这样的理解并不全面。

体验式学习领域的发展离不开像约翰·杜威(John Dewey)、让·皮亚杰(Jean Piaget)、库尔特·勒温(Kurt Lewin)和大卫·科布(David A. Kolb)等开创先驱们的贡献。纵观他们的研究成果,你会了解到人们是如何体验,以及如何从实际经历中学习的经典理论。他们提出了数个理论模型,解释了体验是如何经历几个阶段,然后周而复始的。

当你深入研究这些体验式学习的模型后,你会发现它们具有惊人的相似性,而主要差异只在于采用了不同的术语。这并不奇怪,因为这些模型互相印证、互相启发。我虔诚地追随着他们的脚步,在他们伟大的研究成果基础上,创造了自己的模型。不过在深入解析我自己的模型之前,让我们先来探讨构成体验式学习基础的四个核心要素。

体验式学习的四个核心要素

在体验式学习领域，梳理历年来发展的各种模型时，你会发现四个普遍存在的核心要素：具体、抽象、积极行动和内在思考（见图 4.2）。

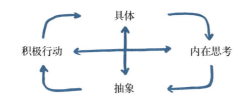

图 4.2　体验式学习的四个核心要素

这里，需要注意：

第一，这是一个循环模型。每一段体验都要经历这四个步骤。

第二，这个模型里包含了两组二元对立的元素。具体和抽象是一组，内在思考与积极行动则是另外一对。这些元素相互补充，构成全面的学习之旅。

下面用一个常见的例子来解释一下这四个步骤：

1）一名小女孩前往玩具店。这是第一步，描绘出一个具体的情境。

2）她发现了自己心仪的乐高套装，于是开始琢磨要不要买下。这就是所谓的内在思考。套装的标价是 25 元，她打开钱包数数自己手中有多少钱。数字和金钱实际上都是抽象的概念，但是她需要运用这些抽象概念才能决定下一步。经过一番盘点，她发现自己手上有 32 元。

3）她欣然地买下了心仪已久的乐高套装。做出选择和采取行动是循环中积极行动的一步。

4）她满怀欢欣地回到家，迫不及待地想要玩新买的玩具，开启一段全新的具体体验。

购买这套乐高玩具的经历改变了她。尽管她的确感到无比开心和兴奋不已，但这不仅仅是情绪上的改变。她还从中学到很重要的一课——为什么不能一拿到钱就急匆匆地花出去，而要积攒起来。是的，这段经历改变了她对储蓄的理解。诸如此类的体验循环仍在一轮又一轮地继续，并且每一次的循环都会在一定程度上改变自己。

在深入了解这个学习循环及各个构成要素之前，让我们先来谈谈学习风格。不难想象，有些人可能更喜欢具体、积极的实践方式，而有些人更享受较为抽象和内观的理论方法。

这就涉及"学习风格"这个概念了——一个颇具争议的话题。虽然考虑到不同人的不同才能和偏好是合理的，但我并不赞同仅根据他们的学习风格将学习者进行划分：

- 人们的学习风格并非只有一种，这种说法过于简化了学习者和学习过程。
- 与其将具体、抽象、积极行动和内在思考这四个要素分别对待，我们更应该将其视为一个有机整体。

人类的体验中天然就包含着这四个要素——这是体验的本质。将它们严格地区分、割裂开来，既不符合自然规律，也有悖常理。让我们看看这些对立的体验是如何互利共生的。

从具体到抽象

我们的日常生活都是由一系列具体的体验构成的，例如吃早餐、上班、和孩子们一起玩耍等。这些体验看起来很平常，但若我们以更抽象的视角去思考它们就需要抽象思维，例如：

- 我的早餐有什么营养价值？
- 不同的交通工具有哪些优势和不足？
- 我和孩子们玩的游戏为何如此有趣？

要想回答这类问题，需要一定程度的抽象思维。科学就为我们提供了有关实际生活中种种现象的理论解释。举例来说，物理学能够帮助我们理解万有引力的作用机制。尽管每个人都知道物体会往下落而非向上飘，但并不是每个人都能精准地解释其原因和具体运作方式。

能够从不同的抽象层次观察事物，将有助于你更深刻、更清晰地理解我们生活的世界。然而，如果抽象概念不够贴近生活，无法和现实世界的具体情境相互关联，那么便可能丧失意义。譬如科学殿堂里的理论知识，若闻者只闻其高大上，却不受其用，那就表示可能已经与世界脱节了。

实际上，类似的割裂也广泛存在于学习体验中。如果只是给学习者灌输很多与他们的现实生活毫无瓜葛的理论、模型和事实，那他们就会觉得毫无价值。这就是我们更倾向于，通过使用像苹果这样真实的物体来教孩子们进行加减运算的原因。对孩子来说，当他们看到一颗苹果加上另一颗苹果等于两颗苹果时，会觉得很合理，直观易懂。

另外，如果成年人在计算加减法时还要借助苹果，那麻烦可就大了。如果你期望自己能更好地适应并融入现代社会、应对职场的工作需求，就需要具备更高层次的抽象思维能力。

如何在你的学习体验中平衡具象与抽象两个方面，正是挑战的关键所在。简单来说，就是要保证自己所学的理论知识能在实践中得到应用，而实际问题也可以从理论中找到解答。

从内在思考到积极行动

当你面对一些自己从来没有做过的事情时，你是直接试试，看看结果如何，还是先静观其变，然后再决定行动。

如果你直接去做，可能会取得成功。这可能要多亏所谓的新手运气，当然也可能是你很有天赋。无论怎样，这都表明你具有主动的思维模式。反之，如果你选择采取静观其变的态度，想要在真正行动之前找到制胜之策，这表明你更具备内观的思维模式。

这两者并没有哪个明显优于另一个。有时候，轻装上阵、大胆尝试、不顾虑太多反而能带来意想不到的奇效。假如你是一位企业家，当眼前出现千载难逢的机会时，你可能并没有充裕的时间去深思熟虑。然而，在其他时刻，静观其变，制订好下一步计划，这样能帮助你做出更周全的决定。这就是同一位企业家也会去研究竞争状况，再拿出一份策划周密的商业计划书的原因。

不言而喻，无论是在生活中，还是在学习中，内在思考和积极行动都是人们宝贵的财富。前面提到过，学习就是要去尝试我们之前从未试过的事物。这个过程需要学习者具体观察、抽象思考、采取行动，然后进行内在反思。

对于学习体验来说，将内在思考与积极行动有机结合尤为关键。然而遗憾的是，在传统的教育环境中，这两者往往被分割开来，这无疑让学习的过程变得更加困难，因为它们的属性几乎是相反的：内在思考是一种向内的过程，积极行动则是一种向外的过程。

行动和反思均可以为你提供有价值的反馈，这能使你在必要的时候调整自己的做法。游戏设计就以对反馈的熟练运用而闻名。当你玩游戏时，每一次行动都能获得即时的、连续的反馈。随着你一次次掷骰、一次次按下控制器上的按键，一系列动作触发的结果反馈会立刻出现。

我一直从游戏设计中汲取灵感。我经常使用游戏元素来创设出更有趣、更卓越的学习体验。我鼓励你也去探索并借鉴这个领域的优秀实践。相信你会发现，游戏设计中蕴含的趣味性和实用价值，能帮你如同打开游戏一般开启你的学习之旅！游戏模式，启动！

存在、观察、理解与行动

那么，我们能不能了解一下体验式学习的过程，然后聚焦学习者正在做什么？

我们已经讨论过不同类型的经历体验模型。我试着从学习者、以人为本的视角出发，将这些模型进行整合，融合为一种清晰、简洁的方法。

我将其归纳为四个步骤，即我们通过存在、观察、理解与行动来体验周围的世界（见图 4.3）。

存在

"存在"关乎的是你是谁、你的感受，强调的是感觉而非思考，重点关注你作为一个人在具体的场景中的切身感受。

观察

"观察"关乎的是你如何看待自己、自身所处的外部环境，强调的是理解而非实际的行为，重点关注你如何通过观察和反思去解读想法和情境。

理解

"理解"关乎的是你所拥有的和你正在掌握的知识，强调的是认知过程而非单纯的感受，重点关注你如何将各种事实、数据上升到抽象的概念和理论层面。

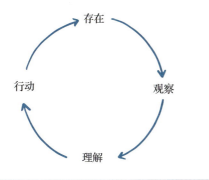

图 4.3 简化后的四步循环，主要突出学习者具体的行为

行动

"行动"关乎的是你的行为和做出的选择,强调的是实际行动而非抽象认知,重点关注的是你如何积极地去影响他人和改变现状。

洞察、知识、技能和行为

设计学习体验的重要环节之一是设定学习目标。学习目标一共分为四种类型：洞察（Insight）、知识（Knowledge）、技能（Skill）和行为（Behavior）。

这四种学习目标类型与"存在（Be）、观察（See）、理解（Know）与行动（Do）"模型的四个象限一一对应（见图4.4）。

图 4.4 基于我设计的循环体验模型所设定的四类学习目标

在传统的教育观念中，人们往往过度关注那些可以定量测评的知识与技能。然而在我看来，这并不能客观地体现出我们通过实践体验学到的东西。倘若在学习新知的过程中，没能采用正确的打开方式，理解起来都很困难，更不用提能有多重视了。同理，倘若不能把掌握的知识有效运用于实际中，那么这些知识就显得无足轻重了，并且很容易被忘记。

综上所述，从体验中学习需要历经"存在""观察""理解"以及"行动"这四步循环。缺少一步或者多步，就无法构成完整的循环。当这种情况发生时，也就意味着你忽略了学习者从体验中自然而然的动态学习过程，只是为他们呈现了一个缩减的版本。

我们凭借洞察、知识、技能及行为来洞悉这个世界的变化，这对学习体验设计是一个重大启示。

只有真正认识到这一点，我们才能设计出更全面、直观的个性化体验。为了描绘这种动态性,让我们一起来看一个在森林中漫步的例子。

在森林中悠然漫步

想象这样一个场景:

- 你正在森林中悠然漫步。
- 在某一刻,你放慢脚步,细细享受周围的美景(观察 See)。
- 正当你沉浸在所见所闻里时,你意识到自己迷失了方向(洞察 Insight)。
- 不过好在你并没有因此而慌张,因为你清楚记得可依据太阳的方位来找寻正确的方向。你知道太阳总是从东边升起,在西边落下(知识 Knowledge、理解 Know)。
- 因此你瞥了一眼手表,仔细观察了天空中太阳的位置,很快判定出了四个基本方向:东、南、西、北(技能 Skill)。
- 确定了应该前行的方向后,你信心满满地向那个方向走去(行动 Do)。
- 经过漫长且充满转折的路途后,你找到了回家的道路。虽然你稍显疲惫,但也如释重负(存在 Be)。
- 你告诫自己,下次必须要更加细心,以免再次迷路(行为 Behavior)。

正如你所见,任何一次经历地开启和结束都伴有特定的行为模式。真正的改变需要学习者获得全新的洞察、知识、技能,并付诸行动(行为)。因此,当你设计任何一种形式的学习体验时,这四种类型的学习目标都应当被纳入考量之中。

始终为学习者着想

很多情况下,我们的客户都期望通过某种学习体验来获取知识,或是学会一项新技能,甚至期待改变固有的行为模式。我总是向他们解释,知识和行动是相辅相成的。假如新习得的知识没在实践中用起来,就毫无用处;若是学了一项新技能却不知道与自己有什么关系,那么学了也是白学;如果你的观念已有所转变,却没能将这种转变落实到行动上,那么也会前功尽弃。

无论什么时候,要始终关注学习者是谁,他们怎么看问题,他们知道什么,他们会做些什么。

当你设立学习目标时,务必确保学习者在最后能展现出正确的洞察、知识、技能以及行为模式。

本章仅仅是在深入"人们是如何学习"这一大话题前的开篇介绍。希望能让你了解到任何一位学习体验设计师都需要考量的学习过程。

第 5 章

This Is Learning Experience Design

设计学习体验

思想就像降落伞，如果不打开，就无法发挥作用。
——弗兰克·扎帕（FRANK ZAPPA），音乐家

我猜你可能已经迫不及待地想要进行学习体验设计了。非常棒！设计各种各样的学习体验将会是一场场激动人心、充满挑战与乐趣的成就之旅。

另外，别忘了，我们之前提到过，一个出色的学习体验设计需要依托三大要素：设计师本身、设计过程，还有设计工具（见图 3.6）。

我们已经讨论过设计师的部分了，在聚焦设计工具之前，我们先深入探索一下设计流程。理解设计流程能让你自如地施展自己的设计技能，使工具的效能发挥到最大。将设计流程走下来可以说是快乐中夹杂着挑战。本书的出发点，正是帮助你更好地应对这些挑战。

重塑认知

如果让你在脑海中勾勒出一个人正在学习的画面,那会是什么样子?会是正在教室里给学生上课的老师吗?会是一位正埋头苦读的学生吗?或者是看YouTube上的视频教程的某人吗?

我们对于学习的印象早已根深蒂固。最初映入脑海的画面,大多是那些传统的学习场景,比方说老师在教室里给学生上课。显然,这都是因为我们过去有过类似的亲身经历。事实上,学习的方式可以有千千万万。正因为想象空间如此之大、可能性如此之多,此刻你的最佳选择就是放下那些刻板印象。

要想获得释放创造力的空间,就要忘掉那些"学习应该怎样"的先入为主的观念。作为设计师,这些前提假设只会限制你的思维,拖你的后腿,让你的设计变得乏善可陈。

请清楚地认识到,你知道的任何东西都是有价值的!

不妨想象一个虚拟的工具箱,把你知道的东西都放在里面,随用随取。同真实的工具箱一样,你知道的事情就是设计学习体验时的一个个工具。你需要做的就是在合适的时机选择最合适的工具。

如果你最擅长用锤子,那么对你来说,所有的解决方案都会变成钉子。这个类比可谓是一语中的,你现在可能面临的最大挑战之一就是固守已知。暂停一下,是时候开阔思路了。

每当我主持工作坊的时候,总能见到下面这种情形:人们往往有一种理所当然的倾向性,总是习惯于拿以往的解决方案去"发明"新方法。你可能会想起来之前的某个方案似乎非常适合当前的情况——于是在你开始设计之前,思路其实就已经定型了。在这里,经验并不会起到作用,反而成了枷锁。参考过去的经验可能会让我们的思想僵化，无法从新的角度看到新的机会。

身为一名专业的学习体验设计师，其职责无外乎打造独树一帜的设计，并且为特定的情境构想出别出心裁、卓有成效的解决方案。虽然回收利用过去的思路有时也可以发挥作用，但绝对无法与新鲜出炉的原创想法相媲美。

对原创作品保持严肃认真的态度，将会激发出你的创新潜能。这种态度会引导你走上一条充满欣喜与收获颇丰的设计旅程。

学习体验设计的过程

设计学习体验的方法千变万化，仿佛一场无法预知的冒险之旅。这种不可预知性从某种程度上恰好反映了学习体验设计师们采用的创新的、灵活多变的方法。

当你好奇设计流程是什么时，你会发现共有六个基本的步骤，我们将会在本章中逐一详解。从本质上来说，这也是一个循环迭代的过程，与其他领域的设计流程并无分别。然而，当你深挖这一过程时，就会发现那些只有在设计学习体验时才会显露的独特之处。

我们先通过图5.1快速概述一下学习体验设计的过程。

第一步：提问

你的起点应当是一个你希望回答或者解决的问题。提出正确的问题是开启一段颇有成效的设计之旅不可或缺的大前提。你追求的目标就如同视野中地平线上聚焦的一点。一旦有了正确的问题作为起始点，就能确保你朝着正确的方向出发。

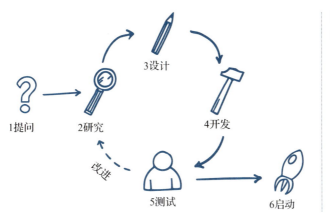

图5.1 学习体验设计的过程

第二步：研究

在设计学习体验之前，至少有两项内容是你必须要研究的：学习者本身和学习成果。

围绕你的目标学习者展开研究是设计中的关键一环。

学习成果则会回答学习体验将如何对学习者产生积极影响，以及它与学习者有着什么关系、能带来什么价值等核心问题。明确期望的学习成果将有助于明确学习目标。

第三步：设计

现在是时候为你的学习体验设计释放创造力了！这一步需要先构思出好想法，然后将它们转化为杰出的设计方案。提出的想法和设计都将致力于回答或者解决第一步中提出的问题。在这个过程中，你将重点研究并解决这些问题。

第四步：开发

在开发阶段，你需要将设计转化为真实的体验。这个过程首先从开发第一个原型开始，而开发的原型类型取决于你设计的体验类型。随着每一次迭代的调整，你将逐步打磨出一版更加精细、完善的学习体验方案。

第五步：测试

你的设计能行得通吗？我们要进行测试，看看学习者能够实现哪些学习目标，以及是否获得了预期的学习成果。此外，你的设计对于学习者来说是否具有吸引力？请注意，测试一个初级的原型体验与已经开发完成的学习体验还是不太一样的，请合理调整预期。

第六步：启动

当你终于完成打磨好的学习体验后，接

下来就是揭晓了。能走到这一步，其实已经走过了很长一段路。从最初的几个想法、初稿设计，到快速的原型设计，再到最终设计，需要经过若干次的迭代。

每循环一次设计流程，就离体验发布又近了一步。你或许会想，什么时候才算准备好了呢？基本上而言，你需要重复这个过程，直到你自己、参与者以及方方面面的利益相关者对这个结果感到满意为止。

现在，我们来详细看看这些步骤都包括什么。

提问

当你着手设计一个学习体验时,明确要达成的目标是非常重要的。虽然设定清晰的目标的必要性不言而喻,但实际上把这件事情做到位并非易事。

作为一名学习体验设计师,你会遇到各种各样的客户,每一位客户都会提出他们特别的需求。例如,我们公司需要一个敏捷培训计划;我们大学希望将国际事务课程转变为在线课程;我方组织希望打造一套数字营销的在线学习课程。

你的工作不仅是要解答客户的问题,而且要能够判断这些问题是否切中要害。因为有的时候,客户提出的问题并不一定就是他们的学习者真正需要解决的,甚至也不是客户的真实需求。想要搞清楚这些,你就需要深入探究——将视角投射到学习者、客户乃至其他利益相关者身上,去发现他们的真实需求,透过现象看本质,思考并解答那些更本质、更核心的问题。

提出正确的问题

那么,你又该如何找到那个正确的问题呢?这里介绍一个简单有效的方法,那就是先问客户为什么对这个问题的答案感兴趣。

下面以一位物理老师的提问为例。

老师:有些学生觉得物理课特别难,你能否为他们设计一款游戏?

学习体验设计师:您为什么想要设计一款游戏,而不是采用其他什么办法?

老师:原因很简单,因为孩子们都喜欢游戏,这能大大激发他们学习的积极性。

学习体验设计师:所以您觉得,他们的主要问题就是缺乏学习的动力吗?

老师:我猜是吧,他们可能觉得物理课有点无聊。

学习体验设计师:所以这门课真的很无聊吗?

老师：当然不是啊！物理是一个非常有趣的领域，有那么多好玩的知识可以学习。

学习体验设计师：听起来不错啊，那为什么这些学生不这么觉得呢？

老师：我还真不确定。可能物理对他们来说太抽象或者太复杂了吧，或者他们并不能明显地看到物理与他们实际生活之间的关联吧。

学习体验设计师：所以，他们觉得物理和他们没有多大关系，对吗？

老师：是的，他们不知道学习物理有什么意义。

学习体验设计师：好的，那我们的目标就是要让学生们觉得物理与自己息息相关。当物理学显得更有意义时，学生们的参与意愿、积极性以及表现自然能提升上去。

老师：我也是这么认为的，可是该如何做到这一点呢？

学习体验设计师：这是一个好问题。之前您提到的游戏也许行得通，但是效果怎么样就不好说了。我的任务就是找出哪种体验会让学生们感受到这种相关性，让他们觉得有意义且能够激发他们内心的动力。我们不妨先聊聊您对物理的热爱吧，从这个方向出发试试。

如你所见，对于同一个话题，你可以提出很多各种各样的问题。这些问题往往受到一些先入为主观念的影响，这就会降低我们设计出卓越学习体验的可能性。不过，若能从一开始就提出明确且具有针对性的问题，就已经开了一个好头，要知道好的开始是成功的一半。

有时候，问题的答案并不是即将要学的东西，可能是别的什么。

"五个为什么"方法

这种方法虽看似简单，却能帮我们深入问题的核心：那就是"五个为什么"方法。

这种方法用起来和听上去一样简单：当你

得到一个问题的答案时，只需简单地问一句："为什么？"一个只有三个字却深入心灵的拷问，将引导你进一步探索新答案，然后你再次发问："为什么？"重复这样的过程五次之后，你可能会得到比最初问题答案更本质、更深入的答案。以下就是应用这个方法的实例：

"我迫不及待地想要阅读这本书，因为我希望了解更多关于学习体验设计（LXD）的知识。"为什么呢？

"因为作为一名专业人士，我认为LXD的技能对我来说非常重要。"为什么呢？

"因为这将有助于我提升技能，设计出更好的学习体验。"为什么呢？

"我希望我的学生能从我设计的体验中有所收获。"为什么呢？

"因为我在乎我的学生们，我希望给他们提供我能力范围内最好的学习体验。"为什么呢？

"我希望我的学生在学校和生活中都能取得成功，我相信学习体验设计能够助我一臂之力。"

非常棒！

研究

一段设计巧妙的学习体验是建立在全面且深入的研究之上的。通过研究，你可以对学习者及其目标感同身受，形成更深刻的理解。

让我们来看看，为什么说研究是学习体验设计过程中不可或缺的一部分。作为一名交互设计专业的学生，我明白设计师并非真正的用户。这种信条时刻都提醒着我们，设计师和用户并不属于同一个群体。这是因为设计师本身的专业背景就与大多数人不一样，并且设计师看待设计的方方面面也与非设计人员的视角完全不同。

你不是你设计的对象

在设计交互界面的过程中，你可能会花费大量的时间去思考导航架构、信息结构、反馈方式，甚至是色彩搭配、字体大小和页面布局等视觉元素的配置。但事实是，用户并不关注这些设计细节，他们真正关心的是如何实现自己的目标，以及如何获得理想的结果。但是难就难在，你会轻而易举地默认自己的想法更好，以自己个人的视角判断用户（真实）的需求，并自诩能为用户选择最合适的设计方案。

这一原则也同样适用于学习体验设计师。你并不是你为之设计的对象。作为一名学习体验设计师，你的职责是为学习者服务，而唯一正确的方式就是去认识学习者，了解他们是谁，以及他们的目标是什么。

研究能帮助你做到以下几点：

- 深入认识并理解你的设计对象。
- 运用同理心，能从设计对象的角度出发。
- 站在学习者的角度考虑，而非代替他们思考。

- 提出与学习者相关、有实质意义的学习成果。
- 设立能够帮助学习者达成期望成果的学习目标。
- 采用真实的数据来驱动决策，而非仅凭主观判断和假设。
- 在设计的过程中给予你更大的信心和把握。
- 赋能你打造出高度个性化且真实的体验设计。

研究的方法多种多样，并不是需要数年的科学研究才能着手设计。你真正需要的是一些简单高效的做法。在此，我为你挑选了一系列自己多次实践过且效果显著的研究方法。在大多数情况下，我都会在设计研究的过程中搭配使用。你可以认真看看这些方法，看看哪些最适合你和学习者的需求。

桌面研究法

如今，互联网上已有海量的研究结果和数据可用于学习。搜集对你有用的数据信息，如相关报告、统计数据、人口数据等。所有的信息都可以通过计算机、手机迅速获取。这种类型的数据非常适用于定量研究，效率很高，能大大节省你的时间。

我通常会采用桌面研究的方式来构建一个整体概览，搭建一个思考框架。研究主题既可以与核心问题相关，也可以与学习者相关。举个例子，假设你要为希腊的老年人群设计一项关于计算机技能的学习体验，你需要了解这类人的特征、他们处在一个什么样的环境。采用桌面研究法会是一个不错的起点，可以初步了解人群的相关背景信息和计算机技能的专业知识。为了完成研究，你可能还需要进行实地观察或者深度采访，这个我们稍后会讨论。

你应该从哪里开始寻找呢？无论是哪种方式，你搜集到的数据都必须是真实准确的，这也就意味着你需要类似于图书馆、大学、研究机构、政府或专业人士等可信度高的信息源。除非你正在进行在线民族志学（Ethnography）[一]（下一节将有更多的说明），否则使用社交媒体收集数据大概率不是明智的选择。

线上资源几乎可以说是无穷无尽的。制定一个有效的搜索策略可以帮助你聚焦重点。你要确定在搜索过程中包含和排除哪些关键词，以及选择哪些更利于使用数据的网站。

传统的研究资源，例如图书，仍然是开展研究的极好途径。现如今，正是因为可以轻易地获取网络资源，有时反而忽视了图书的价值和实用性。相比于某一篇独立的报告或者文章，书籍的优势在于将来自多方的研究成果有效地集结在了一起。

在你搜集完数据之后，你肯定希望能呈现和分享你的研究成果。此时，你可以选择制作一份图表或者是信息图（Infographic），或者更快捷的方法是做一张词云（Word cloud）。当下很多免费的在线工具可以帮助你制作词云，或者你还可以更进一步，设计一份互动式的信息图或者动画。你可以根据自己手头的预算情况、可支配的时间以及研究的类型，选择采用对应的方式呈现。

在线民族志学法

身临其境，亲自融入一个在线社区，洞察你的学习者所处的世界都在发生着什么。传统上，民族志学的研究主要在现实生活中进行，不过在线开展该项研究无疑更加易行且成本更低。

在线社区可以提供大量有关某个群体和特定话题的信息。这种方法的优点是你可以轻松接触到你为之设计的目标群体。但是其缺点在于你需要花费一定的时间去了解他们，弄清楚他们的身份、需求是什么。

[一] 译者注：民族志学（Ethnography）是一种研究方法，旨在通过直接观察和参与来深入了解特定文化或社群的日常生活。这种方法特别关注人们是如何理解他们自己的世界和与他们的社区互动的。传统的民族志学研究经常涉及研究者长时间地融入一个社群，深入了解该社群的文化和日常习惯。

2016年，我和我的团队组织了第一届学习体验设计会议，在此期间我们还创建了一个关于LXD的LinkedIn⊖小组。随着时间的推移，该小组的成员已经增长到了数千人。我一直在细致地观察这个群组的动态，以便更准确地把握人们对学习体验设计的兴趣所在，他们最常见的问题是什么，他们在实践学习体验设计过程中需要怎样的支持等。对我而言，这绝不仅是观察他人说了什么，我也积极地参与其中，融入这个社群，深入挖掘一些有价值的点。我和成员们开展有深度的对话，回答他们的疑问，甚至发起在线投票问卷调查。所有这些间接的反馈和直接的交流无不让我深有领悟。

从某种程度上来说，撰写这本书也是受益于作为群体中的一员。我经常被问："有没有关于学习体验设计的好书推荐？"同时，似乎也有很多人希望更清晰地认识学习体验设计到底是什么，他们也希望在设计学习体验时获得一些实战建议。在你进一步了解这些人的职业背景与成长经历后，便能还原出这类人群的用户画像，从而提供最适合他们的服务和帮助。

在进行此类研究时，你可以选择做一名旁观者，单纯地观察发生的一切。你也可以与你的研究对象进行交流和互动，但在此过程中，你必须始终保持公正，坦诚地表明你进行研究的目的。你需要获得他们的信任，而建立信任的关键在于真诚。

问卷调查法

问卷调查法是一种经久不衰的经典方法，可以用来收集大量的定量数据以及一定程度的定性数据。

在设计调查问卷时，我通常的做法是先

⊖ 译者注：LinkedIn（领英），是一个专业社交网络平台，主要用于职场关系的构建与维护、就业机会的寻找与发布、行业资讯分享以及专业交流。它为在职人士、求职者、招聘人员和企业管理人员提供了一个交流和互动的平台，可帮助用户建立和扩展其专业关系网络、提升职场竞争力。

明确问题的优先级。一般来说，你肯定希望知道学习者如何看待和评价你的设计。这其中的小窍门在于提出非常具体的问题，并尽可能保持问卷简短、不遗漏问题。

你还要考虑何时、何地进行问卷调查。我通常喜欢在项目启动初期就摸清调研对象，设计一份初始问卷，以便能够对该群体形成一个快速而全面的正确认知，尽早知道需要应对的情况。这对于进一步细化你要研究的问题与设定学习成果具有参考价值。

我倾向于亲自走入学习者的环境中，直接发起现场的问卷调查。比如说，你正在为门店员工设计一个有关客户服务的学习体验。那就直接去邻近的商店，让他们填写问卷调查。即使你正在服务的客户的店铺不在你附近，去任何一家门店调查都会比完全不去要好。

如果你身边没有目标受众，你也可以利用线上问卷的形式，将其发到自己的社交网络、各类网络社区、论坛或者社交媒体中。

情境观察法

通过情境观察法可以看到学习者在自然环境中是如何行事的。这是我最喜欢的研究方法，因为这个方法能体现人最本真的一面，展现出的状态既真实又自然。

只要有机会，我就会欣然走进现场实地观察，了解学习者们都在做些什么。这样的研究不仅能让你打开视野，对学习者及其目标有更全面的认识，也可以让你深入探寻学习者的内心世界和行为方式，一览他们最真实的自然状态。

有一次，我陪同一位教育出版界的朋友和一位软件开发人员一起参观了一所学校。在那里，我们共同目睹了一群学生做着同一件事情。然而，当我们讨论我们的观察结果时，我发现他们完全没有注意到我所捕捉到的各种细节。他们的关注点在于实际的可行性，并且已经开始考虑潜在解决方案在这个环境中是否能奏效；我的关注点则在于找出正确的问题。这便是我要专心致志地观察学生们的言行举止、他们喜欢什么、不喜欢什么，以及他们在不同时段的情绪反应的原因。如此一来，我便可以在认知和情感两个层面与学生和教师进行真挚的沟通与互动。

设计师的职责之一就是对周围的人和世界保持敏感，洞察其他人可能忽视的细微之处。运用这种敏锐的感知力，去深入理解你的设计目标，与他们感同身受，不断探索能够服务和支持他们的最好方式。

访谈法

花些时间坐下来，静心倾听对方的故事。采用访谈法是一种细致了解学习者、与专家对话、深入挖掘他们以及作为设计师的你最关心的问题的绝佳方式。

如果你曾经参与过访谈，你就会知道问题的重要性不亚于答案本身。所有的交流都起始于对他人由衷地感到好奇。保持这样的好奇心，尽可能提出开放性问题（为什么、在哪里、如何等）。不要过早地解读，而是追问下去。例如："你提到这本书特别有趣，那么你觉得有趣之处在哪里呢？"除了过早下结论，用自己的话语体系解释对方的语言也是一个极易出现的问题。倘若此时，及时向对方明确发问，某个词语到底是什么意思，可能会带来意想不到的新发现。一次优秀的访谈能触发一场深入的对话，也同样能获取十分宝贵的信息。

另一个常见的问题是，想当然地按照事先准备好的问题列表进行发问。你当然可以利用精心准备的几个问题来引入新的讨论主题，但千万不能只是跟着问题走，否则会错失进一步追问的机会，也会因此错过关键信息。相反，你应该更聚焦于你想要深入研究的几个话题。

你提出的问题应该和学习者自身、他们的目标以及学习者背后的人有关。很显然，你想要了解这类学习者的需求和目标，所以你要对你正在访谈的对象感同身受——这个人的日常生活是怎样的？他们喜欢或不喜欢什么？他们的背景是什么？

思考类似的问题有助于我们更深入、更详细地了解学习者的真实情况。一次，我在新加坡采访了一名决定就读附近一所学校的学生，理由是离家更近。按理来说，我可能会默认他只是不愿意费劲往远的地方跑罢了。然而，我并没有急于下结论，反而是追问了为何离家近如此重要。他和我说，作为一个马来家庭的长子，他不得不肩负很多的家庭责任与义务，他希望能够在照顾家人的同时还有时间学习。他的回答让我豁然开朗，这让我意识到两件事：首先，我们不应该过早地下结论；其次，适当跟进问题能让我们看到更多隐藏的真相。

焦点小组法

组建一个群，让大家的注意力聚焦在某个特定的主题、问题或者预期的成果上。观察他们的互动、倾听他们的讨论，这往往是获取信息最有效的途径之一。

焦点小组法常常用于开发新的消费产品。参与者可能会被询问对新口味饼干的感受、洗涤剂的包装设计，甚至是一家公司重新定位的品牌形象。当你用焦点小组法和学习者对话时，同样的原则还适用，只不过话题要变一变。

虽然焦点小组法可能不如自然环境下的观察那般细致、真实，但它的优势在于你可以获取更多的掌控力。你可以进行更充足的预备和事先的规划，并且能够亲自在现场直接引导讨论过程。

与单独访谈不同，你可以让小组成员踊跃展开讨论，丰富和深化对话的主题。如果有一个参与者提出了某个问题的答案，那么其他小组成员也可能会有一些反馈。当大部分人对某一个观点达成共识时，这就是一个明确的信号，预示着这样的观点在更大范围的目标受众中也可能有着较高的接受度。相反，当存在分歧时，你也能从不同的诉求中获得多元视角，这将有助于形成更完善和全局的设计策略，尽可能公正地满足各类目标用户的多元需求。

以下是你可以向对方提出的一些参考问题：

- 你对这个话题有什么看法和感觉？
- 在这个话题中，你具体喜欢或者不喜欢哪些方面？
- 你期待得到哪种类型的体验？
- 你希望实现的理想结果是什么？
- 这个结果将在你的个人、职业以及学术方面带来怎样的好处？

设计

你要有想法才能设计。 源源不断地想出好点子的能力会让你打造出原创且效果显著的学习体验。

想出好点子是一种能力,而非天赋。你可以通过练习来培训这项技能。实际上,学习如何大量生成出色的创新灵感是设计教育中不可忽视的重要一环。无论是设计一个 Logo,还是设计一段学习体验,所有的都源自一个好的想法。

卓越的设计需要有好点子作为灵魂。下面我会详细阐述从获取灵感到创造设计的全过程。在开始前,我想要明确一点,那就是每个人都能想出好点子。虽然有些人怀疑自己的创新才能,但只要你愿意去尝试并坚持练习,你就肯定可以做到。不要害怕失败,享受这个充满乐趣的过程。持之以恒地练习,一定会提升你对自身创新力的自信心。

我们将遵循发散构思、聚拢构思、概念化设计初稿和详细设计这四个步骤进行设计。另外,我们还会探索,在条件允许下与学习者共同创作的价值。

发散构思

发散构思的目标是生成尽可能多的想法。

首先,让我们发散思维,尽可能多地提出各种想法。在初步构思阶段,你不需要关注这些想法的质量,只需要关注数量就行了。我们在追求量的时候,请注意不要对想法做任何评判。秉持开放的心态,记下每一个你脑海中涌现的想法,让每个灵感都有自由发展的空间。你会惊喜地发现,那些看似离谱甚至愚蠢的想法,常常能燃起最闪亮的创新火花。

我在培训学习体验设计的过程中,发现许多没有设计学习背景的人在构思时会感到很困难。他们往往会陷入以下三个陷阱:

- 列举那些已经存在的、平淡无奇的想法。
- 列举目标或者主题，而非真正的想法。
- 对现有想法进行微调，本质上没有改变。

为了说明这些陷阱，我决定采用"设计一个介绍冥想益处的学习体验"作为实例，来具体剖析一番。

陷阱：列举那些已经存在的、平淡无奇的想法

这样的情况常常出现：一开始人们往往会先思考那些已经存在的、所有人都能想到的、平平无奇的想法，比如打游戏、看视频、读书、对话交谈、让教练协助、使用混合学习模式、尝试微学习、采用游戏化策略和打造一个新 App 等。

如果你打算通过一款游戏、一个视频或者一款应用 App 来实现你的想法，那么你需要增添更多细节，才能把它完整地称为一个想法，例如：

我会录制一段视频，记录朋友实践冥想的人生感悟，希望以此鼓励他人去尝试冥想练习。

这才算是一个足够具体、又富有一定细化空间的设计点子。

陷阱：列举目标或者主题，而非真正的想法

假设现在设计的学习体验是关于冥想的，你很有可能会把目标和想法混为一谈。你可能会拉出一个有关目标或主题的清单，其内容可能如下：

- 学会如何放松身心。
- 学会呼吸控制。
- 掌握静坐技巧。
- 贯彻健康的生活方式。
- 探索各种形式的冥想。
- 引导式冥想。
- 集中注意力。
- 感知身体。
- 了解正念冥想。

虽然这些内容并不是具体的想法，但是对于探索冥想这个主题或者设定学习目标很有帮助，可以用来激发新灵感，例如：

把上下班搭乘地铁的时间利用起来，进行引导式冥想，不仅能节省时间，还能让头脑保持清醒、放松。

陷阱：对现有想法进行微调，本质上没有改变

第三个陷阱需要具体问题具体分析。有时候，当你把一个现成的想法拿出来时，也许只需要微调一下就能奏效。然而，问题就在于，你的调整可能毫无新意，换汤不换药。

比方说，想出"冥想大富翁"（Mindful Monopoly）这样的点子并不难，但是这可能仅仅是换了一个壳而已，只是把内容稍微改动了一下——例如只是把街道的名字改为了与冥想相关的小练习。这样的改动虽然看似新颖，但实则并无太大的创新之处。

假如你打算巧妙地创造一款名为"冥想大富翁"的游戏，你可以：

- 考虑如何让游戏既可玩又与主题相契合。
- 利用冥想大富翁游戏中的经典元素，如购买土地或抽取机会卡来制定自己的游戏规则。
- 更深入地挖掘冥想大富翁的游戏规则，看看是什么使得其能够经久不衰。
- 进一步思考：有哪些策略可以把冥想大富翁玩出花儿来？

最后，你设计出来的游戏可能看上去和冥想大富翁一点也不像，这大概率可能是件好事。

一块砖头，千种想法！

有个经典的小练习，可以锻炼你生成想法的能力。试试看，尝试列举出用一块砖的所有方式。想想看：你能用一块砖头做什么呢？答案是：很多事情！

这块普通的砖头，可以成为镇纸，可以是武器，可以拿来当垫脚石，或作为门档，也可以作为建筑材料，这块砖头的潜力还不止于此。你还可以把它拿来设计各种各样的活动。比如说，谁把砖头扔得最远？拿来做举重训练？或者进行砖头接力赛？又或者试着站立在砖头上保持平衡等。只是一块普通到不能再普通的砖头，奇思妙想就可谓数不胜数。一块砖头都能激发出如此多的灵感，这大千世界中的任何事物，都有可能成为启发奇思妙想的源泉。

聚拢构思

目标：筛选出最优的创意。

现在，我们需要挑选出最靠谱的想法了。在这一阶段，我们关注的是质量，而非数量。只要能最终挑出一两个出类拔萃的想法，那便皆大欢喜。

在团队里，最直接有效的筛选方式是采用投票积分制，让每个成员为所有想法自由打分。例如，最心仪的想法得 3 分，第二和第三分别得 2 分和 1 分。汇总所有成员的分数后，得分最高的想法就会被选为最佳创意。

概念化设计初稿

目标：验证你的想法是否可行。

拥有一个好想法固然重要，但这仅仅是第一步。接下来，你需要将这一构想转化为实际的设计，这就是我们称为"概念化"的过程。

你需要先创造出一个初稿来呈现你的想法，既能向人们展示想法的独特之处，也能介绍这个想法为什么行得通，以及如何奏效。这样做的意义在于，你可以清楚地评估当前的想法是否真的具有可行性，还是说需要找一些更好的点子。

你的初稿应当包括学习体验的关键环节，例如整体流程、主要活动的具体内容、体验的场景，以及会用到的资源等。这个设计并不需要很详细，只要能提供足够的细节，清晰地表达出你的设想就好。初稿可以以多种形式呈现，如书面文档、学习之旅的大纲、情境设计、手绘的故事版流程，或者这几种形式的组合。

例如，我需要提出一个创新方案来解释项目管理中时间、范围和预算之间的相互关系。简单概括一下，我想出了一种方案，让三组人分别代表"时间""范围"和"预算"，再设立一组代表"客户"。他们必须联手寻找项目成功的最佳平衡点。相比于用白板一笔一画地解释这些概念，这个有趣的想法无疑更加生动易懂。在我开始概念化这个想法时，我花了一番功夫研究游戏规则、设定特定的挑战、明确客户的需求，以及确定时间流程等。所有这些初步的构想，我都是边想边用文字草草地记录在纸上的。这已经足以帮我把想法梳理清楚，明确下一步。

添加视觉元素可以极大地提升设计初稿的可读性。正所谓，一图胜千言，即使是一个简单的草图也能起到扭转乾坤的作用，尤其涉及交互、界面这种复杂抽象的方面。要想准确地表达一个想法，你并不需要画出完美的图像，简单勾勒几笔就足够了。

详细设计

目标：准备一个可以与他人分享且足以直接去开发的设计。

把最初的想法发展成为最终的设计需要经过数个步骤。其中每个步骤都会让你的设计变得更加详细、更加精炼、更加具体。

通常来说，设计初稿的完成度还远远达不到向客户展示的程度，也不能直接进入开发的阶段。你可能需要在设计中增添更多的细节，将其转化为真正可以跑得起来的原型体验。如果你正在与软件工程师合作，他们也需要清晰且精准的方向指导，才能知道接下来该如何构建整个项目。

学习体验可以呈现多种多样的形态和规模。根据你设计的体验类型，概念化的工作可能会花费数小时、数天，甚至数月。不妨评估一下，构思一场两小时的工作坊与规划长达一年的包含各种互动元素的学习体验。这两者的区别自然大不相同。

无论你打造的体验何其精彩，你总需要一个方式能将它分享给他人。你需要创造出一个设计，能够清晰且生动地勾勒出这是怎样一番体验。你可以通过多种方式进行分享：你可以拿出详细的线框图，具有强烈视觉效果的设计，或是绘制出全貌清晰的学习流程图，抑或是模拟出一项交互体验的场景。通常来说，我会将这些方式相互借鉴、融合在一起，以最有效的方式介绍自己的设计方案。

经过长久以来的思索和实践，我深知设计中可视化的部分，就如同一个App的交互界面、一个棋盘游戏的棋盘，会极大地影响他人对你的方案的感知。人类是视觉动物，会自然而然地关注他们能看到的东西，而你设计出的许多精巧之处并非总是直接呈现在他们的视野中的。

比方说，你正在为客户展示你的设计。你投入了大量时间去深思熟虑那些精巧的细节、别出心裁的互动设计、顺畅的体验流程、巧妙构思的学习策略，以及趣味十足的游戏机制，但是这些都不太容易直观地展示出来。客户的兴奋点始终在于他们看到了什么。如果他们喜欢眼前所看到的，他们就会对表面之下的所有东西更感兴趣。反之，如果你不能让他们眼前一亮，那么说服他们只会难上加难。

拿出一款吸引眼球的设计能够让人们更愿意参与其中。强大的视觉感染力不但能吸引关注，还让人易于理解。正因如此，视觉设计在所有我从事的工作中始终占据着举足轻重的地位。

从这一点上来说，具备视觉设计技能非常有帮助，甚至可以说是关键所在。如果这不是你的强项（或者说还不是你的强项），倒也不用发愁，你可以利用现成的图表、插画、图片，甚至视频来助力。不过当你有时间的时候，或许还是应该考虑把这个能力加入学习体验设计的技能包里。

针对你要设计的体验类型，你可能需要借鉴交互设计、用户体验设计、体验设计或者游戏设计等不同学科的设计技能。这就是拥有设计方面的背景对于熟练掌握学习体验设计如虎添翼的原因。简而言之，要想成为一名优秀的学习体验设计师，你必须熟练掌握专业的设计技能。

你的设计方案已经准备就绪，接下来就要进入开发阶段了。在这个阶段，你会把设计方案转化为看得见摸得着的原型体验。在对原型测试后，你要不断优化，反复迭代你的设计，直到可以正式发布。每经历一个迭代循环，你的设计都将更加趋近其最终形态。

在我们着手开发前，让我们先来看看在设计阶段如何有效地进行共同创作。

共创

邀请学习者参与设计过程，能显著提升和丰富你的设计策略。这种共创方法能让学习者积极投入你所创设的学习体验中去。在设计过程的多个环节中，共创的策略都能发挥无比强大的作用。下面的三个共创案例供你参考。

与学习者一同构思

将学习者召集到一起来一场头脑风暴，鼓励他们分享各自的想法，给他人的想法提供反馈，并从中挑选出最具有潜力的点子。当学习者可以自由添加和挑选符合他们真正需求的想法时，就如同在进行实时用户测试一样。不过请注意，并不是每个人都有这样的自信去表达。因此，我们必须营造一个积极乐观、打破刻板、鼓励创新的氛围，让每个人都能够自由表达，不用担心自己的想法会被否定。

与学习者一起概念化

邀请学习者参与进来，一起把最好的想法充实得更具体。虽然想法可能很宽泛或者很模糊，但是概念化后会变得更清晰。在这个步骤中，你将开始思考学习体验将如何、在哪里以及何时展开。接下来，关于在现实世界中什么能行、什么不行等问题会接踵而至，邀请学习者一起探讨和解决这些问题，将会大有裨益。

与学习者一同构建原型

当设计逐渐具象化后，我们就能更准确地判断出该设计是否行得通以及效果如何。邀请学习者共同参与构建原型，无疑可以让设计过程更能针对学习者的需求。学习者可能会发现你忽视的机会或问题，引导你去重新思考和调整。当你在打造原型时，并不仅仅是按图索骥、原封不动地把设计照搬出来，这个过程本身也是一个出现问题并及时应对的创新过程。如此一来，你可以顺畅灵活地进行实时调整，并对新的原型进行快速评估和测试。

开发

你现在已经完成了设计环节,是时候让它变为现实了,下面进入开发阶段。

学习体验的开发过程也是一个逐步迭代的过程。始于一个初始原型,逐渐演化为一套完善且时刻能够发布的学习体验。学习体验的样式和形态千变万化,因此开发工作也充满了多样性。这也意味着,你或许需要学会运用一些全新的工具或软件。

举个例子:一次,有位客户指定我使用一款在线课程设计软件。虽然我之前从未使用过,但是我决定边学边做,结果表现得相当不错。当然,有时候事情会变得相当复杂。例如,我在与团队搭建一个混合学习平台的时候,起初我们无法独立开发,必须求助于专业的开发人员。非常幸运,与我们合作的开发人员对设计也有着深切的热爱,就如同我对原型开发由衷热爱一样。彼此的尊重和相似的理念让我们合作创造出了不仅设计亮眼、功能卓越,而且体验绝佳的学习体验。

我认为,设计师应当具备独立创造的能力,这主要出于两点考虑。第一点,这样做可以全面理解设计过程。当你亲自上阵,走遍设计的每一个阶段后,你便能透彻地理解哪些地方行得通、哪些地方行不通。这样一来,在与开发人员合作的过程中,你才能深入理解他们的困扰和难点,挖掘出切实可行的创新设计。

第二点,作为一名学习体验设计师,你往往需要将想法迅速转化为现实。自己动手将会极大地提升你的工作价值。你的设计变得越具象化,就会越容易让你的学习者和客户信任并采纳。

无论你正在开发什么样的学习体验,这一切都始于一个初始的原型设计。我之所以把原型设计作为开发中的重点,正是因为对任何一位学习体验设计师来说,这都是一个必不可少的技能。

原型制作

原型制作是设计过程中既有趣又充满挑战的环节。开发原型的方式有很多，你选择的制作方式应当配合着你设计的体验类型来。

比如说，如果你设计的是一个看得见、摸得着的桌面游戏体验，那么你就需要制作一个实物的游戏原型。虽然你不需要对外观精雕细琢，但所有元素都必须是可用的。针对在线学习体验，则需要数字化的用户界面的原型，你可以制作纸质版的界面样式或者电子版的交互界面。具体是较为粗糙的手绘草图，还是更接近最终效果的精细版本，主要取决于你要通过原型达到什么目的。

正如你所看到的，你可以选择的选项有很多。你需要先确定是选择快速打造的模型草图（Mock-up），还是选择更接近实际的功能性原型（Functional Prototype）。

模型草图做起来会更快，但是呈现的体验可能不那么理想。与此相比，尽管功能性原型可能需要投入更多的研发时间，但其呈现的体验会更贴近真实情况。

每个设计都需要经历多次迭代。每一次迭代，原型设计都将更接近最终设计。建议你首先从一个快速原型开始，这可以使整个体验变得更具形象化，让很多设计决策变得容易许多。如果你一下子就跳到设计的尾声，直接创建出一个极为接近最终设计的原型，那么你将错过大量学习和优化的宝贵机会。

有些人则从不做原型设计。如果你打造的学习体验与以往的类似，没有设计原型也未尝不可。我曾巧遇过几位在线学习设计师，他们向我吐槽他们大部分在线学习模块的设计架构相似，唯一的不同就是内容换一换，或者只是增添了点练习题而已。在这种情况下，原型设计确实无法增加更多价值。然而，假如你要打造的是一个从未出现过的、与众不同的学习体验，毫无疑问，你需要用原型来验证你的设想，确认你的设计方案是否恰当。

学习体验通常包含许多不同的环节，每个环节可能都需要单独打造一个原型。

举个例子，假如其中一种活动是在线的，而另一种是线下的集体活动，这两者自然需要不同类型的原型设计。除了针对每个环节的原型设计，你还要确保体验的整体性和连贯性。最简单的方法就是想一想每个活动之前、中间和之后都会发生什么。

当然，在时间、资源充沛的情况下，你也可以从头到尾设计整个体验。但现实情况往往是条件有限，因此你可以将重点先放在对整个体验起到决定性作用的部分。一旦这些关键部分处理妥当，剩余部分的设计就可以自然而然地推进了。

快速原型制作

设计原型最简单、最快速的方法就是使用纸张。任何人都可以试着创作纸质原型，无须投入大量的时间或金钱就能让设计发展突飞猛进。

在这一部分，我将为你分享如何亲手完成纸质原型。别担心，并不是需要成为一名艺术家才能创造纸质原型。大家都能做到！重要的是要敢于尝试，不怕失败。制作纸质原型的速度很快，你完全可以轻松重做或者改良设计，试一试吧！

你需要什么？

对于这种类型的原型设计，你需要的其实并不多，拥有一份想法较好的设计初稿即可。从物料方面来说，你只需要准备几张纸和一种可以用来画画的工具，最好是记号笔。当然，如果没有的话，签字笔或铅笔也可以。

最关键的是要有人去测试你的原型——我们假设他们就是测试组。理想情况下，他们应该具备与你的实际目标用户相似的特点，但这并不是必需的。相比做一次完美的测试，频繁的早期测试显得更为关键。

如何开始？

首先，你要看一下设计的方案中可能会用到的主要资源。例如，你的学习者们可能会用到手机或扑克牌，或是观看某个视频。

其次，你需要考虑一下，除了上述资源，用户为了体验你的设计还需要什么支持，比如说一套明晰的操作指南或是一个任务说明。

就这些吗？

或许，你还要为你的体验加入更多细节，例如在 App 上展示如何交互等。

现在是时候进行测试了，对吗？

当然。就这么简单！现在就可以把之前设计的原型素材统统拿出来，引导你的测试组来深度体验。关于测试，我们会在稍后详细介绍。

如果设计彻底失败了怎么办？

对于失败的体验，我的回答是：干得好！无论你的设计是否行得通，你已经从这次失败中学到了很多，懂得了哪些行、哪些不行，尤其是哪些彻底不行。接下来，你只需要再花 15 ～ 30 分钟来重新优化你的策略，然后打造一个全新的原型出来即可。

如果一切都进行得很顺利呢？

恭喜你！你可以继续开发、打磨你设计的原型了，准备将其正式上线吧。

开发的小建议

开发过程涉及的任务、所需要的技能都比较多。从初始原型到最终体验的过程并不是一个简单直接的线性流程。有时候，你可以独挑大梁，独自完成整个体验的开发工作。但在其他情况下，你可能需要一个完整的开发团队，协力把你的创新设计转化为惊艳的学习体验。无论你的具体情况如何，以下是一些几乎适用于任何场景的小建议：

- 打造原型，越早开始越好。
- 先打造体验中的关键部分。
- 多多打造原型，每次迭代都将提升你的设计品质。
- 选择合适的颗粒度，让原型尽可能地简洁，以节省资金和时间。
- 邀请相关人员全程参与，这将有助于开发原型和完善最终设计。
- 把测试及创新的过程看作源源不断的灵感与惊喜的源泉，尽情享受过程。

测试

想要确认你的设计是否可行，只有一个方法：测试！为了获得最优的结果而频繁地测试。

在用户体验设计领域，用户测试已成为业界的基础操作。有时候，你可能怀着最大的善意来设计用户体验，最后却发现用户还是找不到方向，体验极差。这就是在产品上线前需要进行彻底测试至关重要的原因，只有这样才能尽可能地完善设计。

同理，对于学习体验设计也是如此。你要尽量保证学习者能在积极愉快的、个性化的、深刻的体验中实现所有的学习目标和期待的学习成果。总的来说，你希望学习者都能享受一段出色的学习体验。

在用户体验设计中使用的许多测试方法在学习体验设计中同样适用。这些方法从快速简单的测试，到复杂精细的科学测评应有尽有。如何选择恰当的测试形式，主要由你设计的体验类型以及学习者的实际需求决定。

举例来说，假设你想为孩子们设计一个相对轻松的学习体验，希望通过大自然的趣味小故事让他们学习一些自然知识。要想测试孩子们是否喜欢这些故事是很简单的，你只需要让他们读读这些故事，观察他们的反应，再让他们说说喜欢和不喜欢的部分即可。在他们阅读完成后再适当加入几个问题，测试一下他们是否记住了相关的自然知识，测试基本上就完成了。

当你准备为化学专业的学生设计一款游戏时，又该怎么做呢？显然这个事情更加严肃一些，并且体验也需要更为科学和周密的原型设计。要知道，当你测试一款游戏时，它必须能够真正地玩起来。这通常来说并不容易实现，因为在游戏规则模糊，或者游戏机制不均衡的时候，往往并不怎么好玩。无论是电子游戏还是桌面游戏，都需要大量的时间进行原型设计，这样才能拿出可测试的物料或者程序。

一旦你拥有了一个可行的原型后，你必须确保学习者能够取得预期的学习成果。考虑到未达到预设目标的影响可能会很严重，你需要进行反复测试，并且运用严谨和科学的方法来完成这个过程。

正如这两个例子所示，测试的过程既可以是简单快速的，也可以是复杂耗时的。对于学习体验来说，并没有一个标准化的测试准则。你需要针对每个学习体验设计进行相应的测试。

持续测试，受益匪浅

关于测试，我有个建议：与其在最后进行一次总测试，不如迅速且频繁地进行阶段测试。

我总是喜欢与学习者频繁地分享初始的纸质原型，看看他们的反应。这不仅可以极大地推动设计进程，还能够提供大量有价值的反馈。

如果不这么做，你会发现，在项目的最后阶段进行一次大规模测试后，需要解决的问题的数量惊人。这是因为测试在解决一些问题的同时，还可能带来很多新问题。倘若你的项目已经接近尾声，你可能没有足够的时间去处理，也没有足够的资源去进行优化调整。

这里给你分享个我们之前经历过的案例，介绍一下我们在为 8～12 岁的学生开发一款游戏时，都开展了哪些测试，供你参考。我们先用纸质原型做了第一轮测试，看看他们是否喜欢我们的点子，包括游戏概念、角色设计和视觉设计等。这步测试实际上是在验证我们的核心构想，显然孩子们喜欢，这就赋予了我们信心，确保按照我们的想法越走越稳。

在游戏中，我们设计了多个不同的世界，并在其中隐藏了一些小游戏。我们让办公室的所有人和身边的朋友，为这些世界以及每一个小游戏都单独进行了大量的测试。显然，如果全都是邀请同学们来参与测试就太耗费时间了。考虑到他们对游戏概念的认同度较高，所以我们决定在团队内部进行测试。只有所有小游戏都能完美跑通，我们才将完整的游戏交由学生们测试。总的来说，同学们非常喜欢这个游戏，后来又进行了一轮微调和优化，这个游戏就算完成了。

启动

经过一番严格的测试,你的设计已经准备就绪了!上线前的最后检查,看看哪里还可能会出现问题。

客观来说,设计的测试与实际投入使用差距还是挺大的。一旦对外发布了你的设计,就意味着设计已经脱离了你们的掌控,你们需要对不期而至的状况做好应对准备:

- 对真实体验的掌控力会变弱。
- 使用规模的升级可能会出现更大的问题。
- 不同的人会有着不同的体验感受。

控制

在进行设计测试时,你所处的环境相对比较可控。大多数情况下,开展测试的人也会亲自在场,并为学习者提供帮助和指导,随时解决出现的问题;当进展不顺利的时候,他们也能够设身处地地感知学习者当前的处境。

然而,一旦公开发布后,情况就全然不同了。例如,你对用户所处的环境——无论是物理环境还是技术环境,都无法控制。当出乎意料的问题发生时,你也不在现场,无法立刻处理。这就是为什么在产品正式发布前,要尽可能充分地进行用户测试。

规模

当规模不断扩大时,问题也会随之增加。更多的人开始参与你的学习体验,每一个人的行动和反应都可能全然不同。

问题出现的可能性会陡然升高,问题会频繁地出现,例如技术问题、来自学习者的疑问,或者是团队无暇应对等。

还记得我曾经参与过的一个项目,其中包含了一个桌游的体验元素。这个设计方案经过了好几次测试和迭代,终于在最后一刻把需要印刷的资料交给了印刷厂。我们收到印刷出来的资料后,才发现有一些之前没有注意到的小错误。尽管我们拿贴纸成功修复了这些小问题,但是如果能从一开始就避免这种错误的发生就更好了。

准备启动

如何从源头避免问题的发生呢?所有的答案都隐藏在你对学习者本身的关注与在体验设计过程中的用心琢磨与付出。如果你非常了解你为之设计的对象,了解他们的成长背景、所处的学习环境,那就能够有所预知,有一定的合理预期。

虽然最终设计上线了,但它并不是最后的成品。它仍处在一个持续迭代的过程中,还需要经历多次调整与优化才能呈现出较为满意的状态。继续推进你的研究,不断推陈出新,用心关注学习者,时刻挑战自己的创新边界,打造原型,测试并迭代你的设计,从错误和弯路中学习,这样你就能打造出令人为之兴奋又实用高效的学习体验设计。

开始启动

正式发布学习体验设计有很多种方式,可以简单到只需要按下一个按钮,也可以复杂到精心策划一场万众瞩目的发布会。

假设你为一家公司设计了一个在线学习模块,你可以在学习管理系统中直接点击"发布"按钮,这就算成功启动了。你也可以用一些营销手段烘托出一种令人翘首期盼的氛围,发出一些有意思的通告,激发人们的好奇心,让人们先兴奋地讨论起来,为学习做好充分的准备。确立一个发布日,并组织一场活动来庆祝这个时刻。当你正式启动时,正是对所有参与人员付出努力的认可,也要强调这将为学习者和公司创造怎样的价值。

设计流程中的每个环节都极其关键。轻视启动学习体验的步骤，无疑是辜负了这个过程的付出。学习体验的启动环节本身也是一种体验，要把这个步骤当作整体的重要组成部分，像用心设计一个学习体验一样，确保你的学习体验也能有一个绝佳的开篇。

协助你完成这个过程的工具

将设计过程中的各个阶段勾勒出来，这对于那些具有设计背景的你们来说并不难。我特地开发了针对学习体验设计的设计工具，这个工具将会在第 6 章详细介绍。随后，在第 7 章将集中探索更多的设计策略和操作实践，以及如何进一步丰富学习体验设计。

第 6 章

This Is Learning Experience Design

学习体验画布

面对那片空无一物的画布，感觉如此美妙，却又如此纠结。

——保罗·塞尚（PAUL CÉZANNE），艺术家

设计本质上是一种形式的应用艺术。就像艺术家需要画板一样，设计师也需要一块画布。一片空白的画布可以激发出无限的创造力，促使你创作独一无二的设计作品。

在详细了解了设计师以及设计流程之后，是时候关注一下作为学习体验设计师要用到的工具了（参见图3.6）。"学习体验画布"（LX Canvas）是在本书中首次介绍且最为重要的设计工具。

本章我们将对学习体验画布重点展开讲解。在下一章你将发现更多有助于提高你的设计技能和优化设计过程的工具。

在继续阅读之前，请务必下载学习体验画布，如条件允许最好打印出来。只需要访问 www.lxcanvas.com [一] 注册并免费下载学习体验画布即可。

[一] 该网站是否可以访问并下载学习体验画布取决于该网站及访问者的网络状况。——编辑注

学习体验画布介绍

在进行学习体验设计时，常常需要综合考虑各种因素，这往往会让我们感到不知从何下手，甚至让人感到困惑不已。我也发现了这个问题，觉得需要一个让整个过程变得更加简单的工具，提升设计过程中每一个环节的可操作性。正是基于这一点，我开发了学习体验画布这一设计工具。

最初，这个画布只是我和团队为了完成项目而打造的内部工具。结果没过多久，我的同事和其他不认识的人们也开始询问他们是否也能使用。于是，秉承让更多人受益的想法，我决定免费将其公布在网上，供所有人使用。出乎意料的是，在接下来的几年中，随着使用者的口口相传，全球范围已经有上万人下载并使用这个工具。这个画布并不是一个需要安装的软件应用，而是一个结构化的简洁明了的 PDF 文件（见图 6.1）。

图 6.1 学习体验画布的使用场景（照片由 Niels Floor 提供）

学习体验画布辅助设计过程

基于个人的实践经验以及从学习体验设计社区收集到的反馈,我总结了发挥学习体验画布价值的五个关键方面。

辅助整体架构设计

学习体验画布上列出的每个元素都是学习体验设计中关键的组成部分。当这些元素以一种结构化的方式呈现在你眼前时,就让整个设计过程有了清晰的脉络和架构。在设计过程中运用学习体验画布,可以创造出考虑周全、别具一格和令人印象深刻的体验设计。

下面将根据实际操作顺序,逐一解析每一种元素。如果你首次尝试使用学习体验画布,根据这个设定的顺序来推进会更容易理解。当你熟悉了学习体验画布这个工具后,便可以灵活运用。请注意,这并不是一个照本宣科、按部就班的操作,而是一个能有效提升创造力与工作效率的工具。

提供清晰的概览

在设计学习体验时,你需要处理无数庞杂的琐碎事务。如果没有一个清晰完整的概览,就无法有条不紊地处理这些事情。然而,仅仅拥有一个概览也还是不够的,你还必须始终确保你的行动和设计决策总是能够指向这个目标。学习体验画布则能随时随地让你掌握必要信息。

引出最佳决策

当你有了清晰的架构和概览后,你会发现此时再进行设计决策就会水到渠成。你需要的所有信息都整整齐齐地汇集在一个地方,再搭配上结构化的工作流程,就可以轻松地为你的学习体验找到最佳方案。

简单易用

学习体验画布是一个设计巧妙且简单易用的工具。你只需要简单地打印出来，配上一支铅笔，再准备点便利贴，就可以轻松上手了。倘若此时打印机不在手边或者想放大尺寸，你可以找一张纸，或者在白板上迅速画出一个学习体验画布。放大尺寸也是一个好主意，我非常推荐，这样做每个人都能清晰地了解到正在发生的事情，并有机会为团队做出贡献，使团队协作变得更为高效。

用途广泛

无论你想设计出什么样的学习体验，学习体验画布都能兼容。无论是哪种类型的客户，从短到几小时、几个月，甚至长达几年的不同项目，我从来都是学习体验画布不离手。这个工具的兼容性很强，我也相信它能满足你的设计需求。

事实上，学习体验画布还可以用于其他目的。例如，在优化一种学习体验时，学习体验画布也是个分析体验的好工具。

学习体验画布的结构

学习体验画布的设计是经过深思熟虑的。

自从2013年我发明出学习体验画布后，时至今日，我依然经常会被问及：为什么画布要被设计成这样？有没有可能漏掉了什么其他关键元素？有没有可能存在一种更完美的设计？这样的设计是否适用于所有的学习体验？

对于任何疑问或批评，我一直保持开放的心态，并且积极思考学习体验画布该如何进一步优化。到目前为止，我得出的结论是，学习体验画布所能达到的效果已经足以实现最初的设计意图，暂且可以保持现状。接下来，就请随我一起解析学习体验画布的结构图（见图6.2）。

学习体验画布的结构被划分为两个阶段。第一个阶段是探索，第二个阶段是设计。画布的上半部分用于探索，下半部分则是设计区域。

不言而喻，设计之前需要先探索一番，因为设计的前提就是在探索过程中获得启发与领悟。这将有助于让创新过程更加聚焦，构想出别出心裁的设计灵感。

先来看看探索阶段，它由三个重要组成部分构成：个人信息、场景信息和策略。

从本质上来说，个人信息和场景信息描述的是你的设计对象是谁、他们想要实现什么，以及所有的事情在哪里发生。

然后，所有的信息最终都会汇集到策略这里。我把这种顺序关系在学习体验画布中用箭头表示了出来。其实，在完善个人信息和场景信息的同时，你也在不断地构建和优化你的策略。最终，这个策略将引导你去创造出自己的设计。

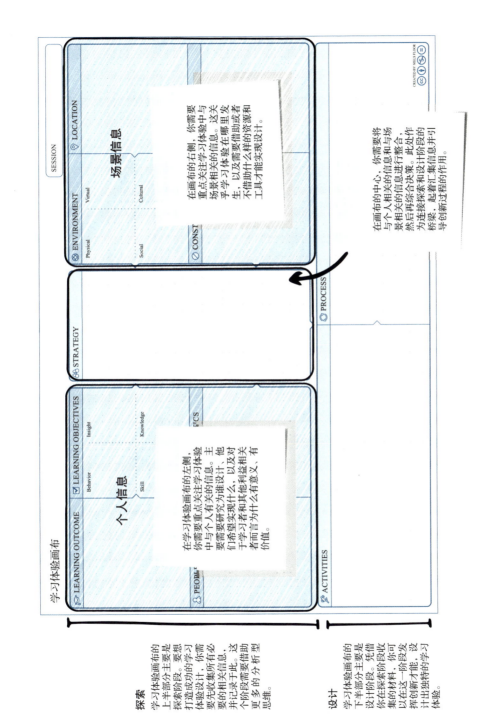

图 6.2 学习体验画布的结构构图（两个阶段）

学习体验画布的元素概览

学习体验画布上共有 11 个元素。在我们一一详解之前，先进行简单的概述。

这个概述可以作为你设计学习体验时随时参考的内容。下面先从学习成果开始，概述这 11 个元素后，再深入细致地解读每一个元素。

学习成果

描述学习者将从学习体验中获得什么，以及这些收获对他们有什么样的深远意义和非凡价值。

其中的主要问题包括：

- 学习者能从这段经历中收获什么？
- 为什么说这是学习者期望收获的成果，对于学习者来说为何至关重要？
- 学习体验将会对学习者的个人层面、职业层面和（或）学术层面产生怎样的影响？

学习目标

明确列出学习者为了实现预期的学习成果需要达成的具体目标。这些目标一般可以分为洞察、知识、技能和行为。

其中的主要问题包括：

- 学习者希望实现哪些不同类型的学习目标？
- 若实现这些学习目标，是否能使学习者获得期望的学习成果？

参与者画像

请列出所有参与这个学习过程，或在其中有所贡献的人员。部分学习者可能已经自发组成某个群体了，例如来自同一个地方或者同一个公司的人们，或者你也可以通过类似的职业或者身份将他们归属为同一个群体。

其中的主要问题包括：

- 参与这个学习活动的有哪些人？
- 哪些人是主要参与者？哪些人是次要参与者？
- 还有哪些利益相关者也参与了本次体验？

人群特征

请详细描述学习体验中的参与者，勾勒出他们的一些外在与内在特征，让我们更深入地了解他们是谁。

其中的主要问题包括：

- 学习体验中的参与者有什么样的特征？
- 他们的想法是什么样的？具备什么能力？有什么自身局限？有什么兴趣爱好？有哪些其他的相关特征？
- 他们的特别之处在哪里？
- 他们之间又有哪些共同之处？

学习地点

学习体验的地点是场景因素中首先要确定的。例如，这可以是某个城市的一处空地或者一栋建筑，也可以是能从世界任何地方访问的虚拟空间。地点可以有一个或者多个，根据需要而定。

其中的主要问题包括：

- 学习体验会在哪个地方进行？
- 在选择合适地点时有哪些选项？
- 学习体验会在一个还是多个地点进行？

学习环境

描述参与者在开展学习体验的环境中是如何互动的，以及他们与周围环境是怎样互动的。学习环境对人们学习过程的影响是不容忽视的，有必要认真研究。

其中的主要问题包括：

- 在这个环境中，我们如何与他人互动？
- 这个环境会以何种方式促进或阻碍我们的学习？
- 这个环境对于本次的学习体验来说是否合适？

可用资源

请列出你在设计学习方案以及落实过程中所有可利用的资源。

其中的主要问题包括:

- 我们可以利用哪些资源?
- 我们怎样才能最好地利用现有的资源?

制约因素

这包括所有影响学习体验设计、实现与落实过程中的制约因素。

其中的主要问题包括:

- 影响这次学习体验的(主要)制约因素是什么?
- 这些因素具体是如何影响本次学习体验的?
- 我们是否能够找到突破这些限制的解决办法?

设计策略

这是探索阶段的一个较为独立的部分,你需要在这里将所有收集到的信息总结成一套可以指导后续工作的设计方针。这些方针应当来自学习体验画布上对个人和场景的事实分析。

其中的主要问题包括:

- 在学习体验画布上,不同元素之间能找到怎样的相关性?
- 这些不同的元素之间是相互协同还是彼此矛盾?
- 根据学习体验画布上记录的内容,我们能归纳出怎样的设计方针?

学习活动

现在进入了设计阶段,需要描述学习者在学习体验过程中实际上要做什么。每个活动应当能够帮助学习者实现一个或者多个学习目标。

其中的主要问题包括：

- 参与这项学习体验的人们具体需要做些什么？
- 每个学习活动想要实现的学习目标是什么？
- 当所有的学习活动完成后，是否能达成预期的学习结果？

过程设计

学习体验画布的最后一个元素应当描述，随着时间的推移，实际情况下会发生的安排流程是什么。就具体内容而言，这一部分应当是已经提前规划好并安排妥当的一系列活动。

其中的主要问题包括：

- 设计好的学习体验预计在什么时候进行？
- 这些学习活动会以怎样的顺序进行？持续多长时间？
- 对于学习者而言，整个学习体验是什么样的？学习者会采用怎样的学习路径？
- 在整个过程中，学习者会经历怎样的感受变化？

学习成果

学习成果指的是学习者从一次学习体验中能获得的实际成果。

正如我反复强调的,一个精心设定的学习成果,能让学习体验的设计过程以及体验本身更具意义感和方向感。

强烈建议你在设计的初期就确定好学习成果,这将使你全程以结果为导向去思考,即你在设计的过程中清晰地知道最终目标是什么。

一旦你明确了学习目标,你做的每一件事都会朝着这个方向前进。你会孜孜不倦地朝着理想的学习成果进发。设计过程中做出的每一个决定,都是为了更接近学习者希望达成的目标。

学习者能从这段体验中获得什么?

在学习成果中你要阐明学习者能够从你设计的学习体验中获得什么。

确定学习成果是教育领域的基础操作,但在这里我们要稍微重新定义一下。通常情况下,学习成果会被视为一个目标。例如,课程结束后你将掌握乘法运算。虽然这看上去是一个定义清晰的学习成果,但实际上,这只是一个学习目标而已。

在日常的教育实践中,"学习目标"和"学习成果"这两个词,通常被误解为相同的或是可以彼此互换的概念。然而,实际上,它们大不相同。为了更好地理解这一点,下面我用一个形象的比喻来进一步解释。

假设你想建一座房子,你需要设定并实现若干个目标,才能设计并建好这座房子。当你的房子落成后,你搬进去并开始在这里生活,这个房子就变成了家。这个家为你提供庇护、安全与舒适。这是一个每天积累回忆的空间,一个给予你充分舒适感的地方。如果把建造房子的过程作为学习目标,那么从内心深处对这个家产生归属感和对生活的满足感就是学习成果。

为什么说学习者期望收获的成果对于学习者来说至关重要？

一个好的学习成果应当能让学习者发自内心地认同，而要测试你设定的学习成果有多好，最好的方法就是观察学习者在读到这个学习成果后的反应。他们是否无比期待地开启新的学习旅程？或是学习的热情被泼了冷水，甚至感觉不再那么兴奋、失去了学习的动力呢？

当你设定一个学习成果时，你务必要向学习者明确这个成果对他们来说为何重要、有何意义。显然，一个和他们无关、毫无意义的成果，学习者无疑会觉得这是在浪费他们的时间，这也会导致他们失去学习的积极性，因为他们对从这次体验中可能获得的东西丝毫不感兴趣。

学习体验对学习者的个人层面、职业层面和（或）学术层面的影响

毫无疑问，你学到的东西会给你的生活带来诸多好处。然而依我所见，很多人常常把这种好处狭窄地局限于某些特定的情境中。例如，旨在提高时间管理能力的公司培训，通常被认为只是为了提升员工的工作效率。但其收获远远不止于此，你在工作环境中学会的各种时间管理技巧，同样可以在你的个人生活乃至学业发展中助力非凡。掌握时间管理能力，还能帮你找出更多陪伴孩子的时间，或者提升学习效率。因此，你要向你的学习者传递这样一种信号：你所学的任何知识，在学习之外的场景、生活中的其他方面，也同样能发光发热，帮助他们以这样的视角思考，为学习成果增添价值感，提升学习的动力。

将学习成果落实到笔头上

如何将激发动力的学习成果用文字的方式呈现出来，你可以参考下面两个步骤：第一步，创建一个思维导图；第二步，编故事。接下来，我将列举其中的关键点和实际例子来帮助你掌握这个关键技巧。

第一步：创建思维导图

用思维导图探索潜在的学习成果是一种简单高效的方法。拿出一张纸，在纸的中央写下你学习体验的主题，例如"交流技巧"，然后在"交流技巧"外面画个圈。接下来，试着想出所有与交流技巧有关的好处，或者交流技巧在哪种情况下能发挥作用。随后，把想到的点都逐一写在纸上（见图 6.3）。

接下来就要开始进行分类整理了。我个人更倾向于根据价值衡量出主次，将它们划分为主要价值点和次要价值点。你还可以观察每个点在学习者个人成长、职业发展或是学术研究等方面有什么加持价值。

第二步：编故事

接下来，就可以拿出刚刚绘制的思维导图作为故事的灵感来源。从思维导图中选出最亮眼的价值点，以此作为出发点，为学习者写出一个鼓舞人心的用户故事。

在描述学习成果时，最大的误区常常是从专家的角度出发。其实，你应该尝试从学习者的视角出发。

此外，你也要力图与学习者产生个人层面的联系。理解他们的情绪、赋予学习成果情感张力，都更有利于实现这一目标。因此，我建议你可以从下面的句式入手：

我对（价值点）感到（情感）。

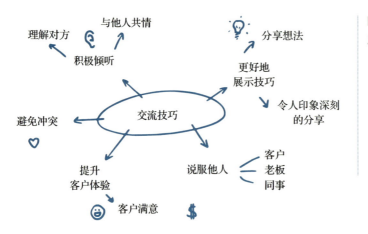

图 6.3　学习成果思维导图

这里的"我"指的是学习者,"情感"描述的是他们对你推荐的价值点所产生的感受。比如下面这个例子:

"我对于能够更直观地表达出我想说的感到很兴奋。"

再考虑一下,这将对学习者生活的不同方面带来怎样的好处,将这些价值点写进去,并将其巧妙地编成下面一小段话:

"我非常期待能够更加直观地表达我的观点。这会让我在工作场合感到自己的声音被他人听见、尊重。当我回到家里时,我发现与家人的沟通也变得更为流畅了,冲突和争吵也少了许多。"

一旦你开了个还不错的头,你可以再添加两到三个描述主要价值点的句子。最终你将得到像下面这样的一个简洁巧妙的小故事:

"我为能更容易表达我的想法而感到很兴奋。无论在公司还是在家里,我都能感到自己的声音被听见、被尊重。成为一个优秀的倾听者,能让我更好地理解自己在乎的人。我的同事们、朋友们和家人们都很重视我们的交谈,我也很享受与他们分享我的想法。"

当你有了学习目标的草稿后,不要害怕给别人看;从学习者那里得到的反馈能帮助你进一步完善你的最终学习成果。

关键点

在设计学习成果的过程中,请务必牢记以下关键点:

- 从学习者的视角出发,而非从专家的身份表述。
- 尽量使用学习者能理解的语言,减少专业术语的使用。
- 列出这次学习体验对于学习者的价值。
- 要聚焦学习体验带来的实际好处,而非目标本身。

学习成果示例

说实话,要想拿出一个令人眼前一亮的学习成果并不容易。下面举个例子。

假设，你希望设计出一个针对马拉松长跑的学习成果。一开始你写出来的可能是这个样子的："我要尽力在四小时内跑完全部 42 千米。"

毋庸置疑，这是一个清晰的目标。然而，学习成果可不能这么写，毕竟这么激动人心的事情听上去实在有点不温不火。能够激发出动力的学习成果应当能指向跑步者心中更高层次的目标。

让我们重写一下试试，尽量体现出马拉松这一经历对于跑步者的价值：

"我一直认为，自己这辈子可能永远都不会完成一整场马拉松，我真的很惊讶！我竟然做到了！当我跨过终点线的那一刻，我觉得自己蜕变了，我感到无比骄傲。我会把在此次难忘的经历中学到的精神力量用于克服日后生活中出现的困难和恐惧。我在马拉松训练期间培养起来的健康生活方式，也将在未来继续保持下去。"

显然，这是两种截然不同的学习成果。不难看出，后者更具启发性也更能激发动力。每当你开始设定学习成果时，就试着去回想跃过终点线的那一刹那——想想那种感觉应当如何被传递到学习成果中去。

学习目标

学习目标是学习者为达到理想的学习成果而需要实现的具体目标。

要始终牢记一点，学习目标和学习成果不是一回事。虽然这两个概念常常被互换，但是我们已经看到了两者之间的本质差异。

让我们再回到马拉松长跑这个例子。假如你真的想要完成一场马拉松比赛，还是有很多知识需要学习的。你不能只是一根筋地跑步。你还需要学会正确的跑步技术、合理的营养搭配、了解合适的装备选择、塑造积极的比赛心态，以及贯彻健康的生活习惯。这就意味着你需要实现多个学习目标，例如依照自己的备赛需求准备营养餐，设立并严格执行个人训练时间表。只有当你实现所有的学习目标时，你才真正有实力挑战你的第一次马拉松（成果）。

经历首个马拉松挑战的准备，以及比赛所产生的影响可以反映在学习成果中。正如前面讲到的，这可能是一个改变人生轨迹的事件，会带来深远且积极的影响。学习成果描述的是学习者的生活将会随之发生哪些改变；学习目标则是关于迈向这份成果的阶梯。

学习体验设计始终以最终目标为导向。关注学习成果能够帮助学习者更好的发展。至于学习目标能否有助于产生积极的结果，实际上取决于你最初设定的成果是怎样的。

四种类型的学习目标

我把学习目标归为四种类型：洞察、知识、技能和行为（见图4.4）。在开始设计学习体验和设定相关目标之前，了解这四种类型分别是什么非常有必要。

每种类型我都做了详细的解释，并给出

了相应的一系列行动词，你可以用于搭配各种类型的学习需求。你也可以根据项目的实际情况，衍生出更多适合自己的动词[一]。

洞察

洞察关注的是观察与反思，这和你看待事物的视角和认知有关。

行动词：看、注意、意识到、辨识、察觉、审视、观察。

"我看到这个话题与我个人的成长紧密相连。"

"我注意到不同的人有不同的需求。"

"我意识到解决问题需要换种方法，我换个角度来看这个问题。"

知识

知识既抽象又概念化，涉及文字、事实、数据、模型、理论、图表等。

行动词：知道、理解、弄清楚、找出、领悟。

"我知道仓鼠和豚鼠的区别。"

"我理解牛顿第三定律。"

"我会弄清楚如何解决这个谜题。"

技能

技能指的是理解与应用知识的能力，与积极行动、测试反馈，以及决策制定息息相关。

行动词：运用、选择、制作、创造、设计、产生。

"我会把理论运用到实际情境中。"

"我会选择最佳方案。"

"我会为我的演讲制作一张海报。"

"我会设计一个原型来测试我的假设。"

[一] 译者注：为什么要用动词？因为以动词开头更强调行动的意味。例如，"我想吃饭"和"去吃饭"，两者虽然都是与吃饭相关，但是表达的重点却全然不同。"去吃饭"给人一种立刻就要去做这件事情的感觉，因此作者在这里强调以动词引导，就是更希望把注意力放到实现学习目标的行动上。以动词开头的表达在英语语境中更为明显，在此说明。

行为

行为是指你如何将所学、所感运用到实践中去，具体来说就是实实在在的经历，关乎你亲身体验的每一个瞬间。

行动词：存在、感受、行为、行动、反应、生活、工作。

"我会在写作业的时候更自律。"

"我会尽量避免对难过的同事表现出冷漠的态度。"

"我会更加直接且妥善地满足客户的需求。"

"我会活在当下并且过得更健康。"

学习目标是通往学习成果之路上的灯塔。当多个学习目标都得以实现后，学习成果理应唾手可得。因此，关键的问题来了：实现这些目标后，学习者真的就能获得期望的成果吗？

能否获得期望的学习成果，取决于他们已经实现了哪些具体的学习目标。有时候，你可能在设计过程中漏掉了一些必要的学习目标。这个问题可能会在测试设计原型时暴露出来。你会发现，一旦缺少了某个关键的理解就会阻碍学习者掌握和理解新知识；一项技能的缺失，又可能会导致行动无效，甚至会出现反向行为。

规划、设定学习目标的过程就好比完成一款拼图游戏。只有所有的拼图都到位后，才能看出完整的效果和达到理想的预期成果。如果漏了某一块或者更多块拼图，你就会遇到麻烦。你可能会在完成整个拼图后，发现多余了一些碎片。虽然这种情况无伤大雅，但与理想的状态还有些距离。

你所面对的挑战是确定哪些是正确的拼图碎片。不妨借助这四种类型的学习目标，组合出一个自然且完整的学习体验。

设定学习目标

下面这个小练习能够帮助你设定学习目标。

草拟学习目标的初稿。

让我们继续以跑马拉松为例，初稿可能是这样的："为了更有效地训练，我需要一个训练计划。"

将学习目标细化为更具体的小目标。

学习目标往往可以拆解为更具体、更细致的小目标,这样不但让学习者更易理解,还让设计学习体验和测评效果更加顺畅。

试着将每个学习目标再拆解为洞察、知识、技能和行为这四种学习目标。

下面是具体的参考案例。

"训练计划至关重要。"(洞察)

"对于训练计划,我需要了解一些基础知识。"(知识)

"为自己制订一个训练计划表或许值得试试。"(技能)

"我需要依照训练计划表进行训练。"(行为)

针对每个学习目标选择合适的动词。

如本章前面提到的,每种类型的学习目标都有其对应的动词。使用这些动词会让你的学习目标更主动、更具体。下面是具体的参考案例。

"我明白一个训练计划对于实现目标有多么必要。"

"我理解了训练计划具体是什么及其运作方式。"

"我为自己定制了个性化的训练计划。"

"通过执行训练计划,我成了一名更好的运动员。"

正如图 6.4 所示,学习目标需要简单明了、清晰具体、积极主动,以及易于评测。

简单明了　　清晰具体　　积极主动　　易于评测

图 6.4　四种类型的学习目标

将全部的学习目标逐一重复上述步骤。

考虑到存在四种不同类型的学习目标，你应当尽可能兼顾与平衡全部目标。例如，不应该过于偏重"知识"的积累，或者忽视"洞察"的存在。

这些学习目标能帮助学习者达成预期的学习成果吗？

接着，我们要再次提及之前探讨过的灵魂拷问。请牢记，你的目标和学习者的目标应是一致的：努力实现预期的学习成果。通向那里的唯一途径就是，实现一个个设定好的学习目标。如果你发自内心地肯定，自己设定的一系列学习目标，确实能够引导学习者一步步达成最终成果，那就可以了。做到这一点就意味着你可以继续推进设计流程了。如果还觉得差点火候，就需要尽快找出缺失的部分。请别忘了，如果有需要，你可以随时回过头去添加、更改或者删除学习目标。

参与者画像

参与者包括亲身参与体验的人，以及与学习体验有关的所有人。

学习是人们自身的体验之旅。作为一名学习体验设计师，你的工作是设计出可以让人们从中汲取知识与智慧的体验。在这一旅程中，可能会有各式各样的人一道参与其中。

参与者

无论如何，要始终把焦点放在学习者身上。毕竟，他们才是你为之设计的主角。

当然，其他人也会在学习体验中扮演举足轻重的角色，例如老师、培训师或教练。他们可以协助、支持或推动学习的过程。尽管他们存在的重要性是个不争的事实，但是对于这些群体的关注仍然不能超过学习者本身。

除了教师和那些直接参与学习体验的人们，其他不那么关键但相关的角色，如父母、朋友和家庭成员也可能会间接影响学习体验。任何一位身处学习者社交环境中的人，都可能对学习者的旅程产生影响。例如父母，他们可以在孩子的学习体验中发挥积极的作用，间接加深和拓宽孩子在学校的学习体验。

利益相关者

除了处于学习体验之中的参与者，还存在一些游戏之外的利益相关者。

这些人未必会真正参与学习过程，但他们可以对学习体验的设计产生直接或间接影响。利益相关者之一便是你的客户。客户可能是一个人、一家公司，甚至是一所学校、非政府组织等其他形式的团体。当客户为你设计的学习体验付费时，毋庸置疑，他们在设计和设计过程中都有一定程度的话语权。

其他的利益相关者可能包括行业专家、有关组织乃至政府部门。每个人都有着不同的立场，对于学习体验应该是怎样的也有着各自的看法，将多种观点融合到一起本身就是一个挑战。

作为一名学习体验设计师，你的工作职责之一就是去协调、整合参与者和利益相关者各自不同的观点与期待。有时候，这些观点和期待可能会大同小异，有时候则大相径庭。

无论何时，凡是需要与众多参与者和利益相关者协调的时候，你都应当先做两件事：首先，始终关注学习者本身；其次，尽量确保所有人对你的设计方案感到满意。达到这一目的的有效方法之一就是邀请他们参与设计的过程，并向他们传递"以人为本"的设计理念。

列出参与者

借助图6.5可以清楚地列出那些直接、间接参与学习体验的不同类型的群体。

主动		被动
首要群体	次要群体	利益相关者

图6.5 准备人员清单，列出与学习体验相关的全部人员

主动（Active）参与者指的是直接参与学习体验的人。学习者是参与的主要人员。如果你有好几种不同类型的学习者，也可以在这里分列出来。次要群体是指对学习体验有所贡献的人们，其中包括老师、训练员，也可能包括同事、朋友甚至家人。

被动参与者指的是没有直接参与学习过程，但是利益相关的人。他们可能是客户、企业管理层，或是投资人。参与者会被归到哪一类下，主要取决于当时的

具体情况。例如，如果一名学生家长致力于营造积极的学习环境，那么这位家长就应被归为次级参与者。倘若他们只是作为相关者，且并未对学习过程提供直接的支持，那么他们应当被列入第三栏的被动参与者中。图6.6展示了如何将参与者和利益相关者进行分类。

主动		被动
首要群体	次要群体	利益相关者
客服人员 管理人员	培训师 人力资源部门 CEO	消费者 客户（公司）

图6.6 按照角色列出参与者和利益相关者

就这个例子来说，假设某家公司邀请你围绕客户服务设计一个学习体验。在这个项目中，这家公司就属于被动的利益相关者。他们希望提升服务的质量，为自己赚取更多的利润收入。

具体来说，你会发现这里有两种类型的学习者：客服人员和管理人员。他们将获得来自培训师、人力资源部门，以及公司CEO的全力支持。你可能会希望有更多公司高管参与其中，借此展现出他们对于学员的关心，同时提升参与者对本次学习体验的重视程度。如果是这种情况，公司CEO就要积极地参与进来，这对学员和公司会产生重大影响。共享相同的体验与经历，能够让整个组织生发出一种合作的、积极的，以及相互支持的企业文化。这意味着企业各个层级上的人都能一条心地向同一个学习成果迈进。

在填写这个名单的过程中，琢磨一下每个人的定位，谁该在哪里，以及他们互换角色会产生怎样的影响。在这种情况下，一名愿意参与的CEO会对所有学员带来巨大鼓舞，倘若没能利用这一资源则实属遗憾。请注意，就算名单列好，其也并非一成不变的。任何时候，只要你觉得有必要增加人员或者调整他们的角色，请直接去做，不要犹豫。

人群特征

描述特征可以勾勒出参与你学习体验者的形象，为进一步了解他们提供关键信息。

了解学习者的最佳方式是研究。无论你采用怎样的研究方法，你的目标要始终如一：明确认识学习者是谁，搞清楚他们为了达成期望成果需要做些什么。要实现这一点，就必须在认知和情绪层面与学习者建立联系，这是一种理性和感性的融合。如果你想复习一下研究方法，可参见第 5 章。

深入了解学习者后并不代表工作结束了，在你的名单上，还有许多其他人可以进一步了解。虽然他们可能不如主角那么重要，但还是应当熟悉一下那些与你的设计息息相关的人。如果教练在你的设计中会发挥决定性作用，你就要考虑怎样才能更有效地支持他们的工作，而实现这一点的唯一方式就是好好调研。你需要直接和他们交谈，找出他们关心的重点，以及他们为什么热爱自己当前的工作。

描绘人物特征

请回顾一下，你在上一步列出的不同人群。接下来，我们将从背景信息、认知层面，以及个性特征这三个维度来分析以了解他们的视角、能力、局限、兴趣，以及其他的相关特征。

首先，我们从这些人群中选择一组，最好是学习者。

列出代表这一群体的基本背景信息：年龄（群体年龄）、性别、国家及居住地、职业和文化背景。

考虑到年龄、性别、文化背景的特征描述很容易引发人们的偏见或歧视。在面对这些问题时，请务必确保以尊重为原则处理这个问题，千万不要描绘出那些三观不正、偏执狂热或者贬低他人的形象。

其次，详细列出他们的认知特征：教育程度、学习能力（注意力持久度、记忆力强度、信息处理速度，以及运动能力）、学习障碍或困难（如阅读障碍、注意力缺陷多动症、听力/视力受损、大脑损伤等）。

最后，聚焦他们的情感特征：这个人对于学习和参与学习体验的感受如何？什么能激励这个人（去学习）？什么会让这个人丧失学习动力？这个人对哪些领域尤为热爱？例如音乐、电影、运动、游戏、烹饪等。

完成后，再重复上述步骤为其他人群做分析。

在深入分析你的目标受众时，既要着力找出他们的特别之处，也要同时观察他们的共同点。了解这些特征将有助于找到触发用户共鸣的设计点，让参与者在学习之旅中能够一同前行。

比方说，我经常培训来自各种背景和不同领域的专业人士。虽然他们有着完全不同的行事风格和观点，但他们都热爱学习且对学习体验设计甚感兴趣。我很喜欢把这样的人聚在一起，为他们提供一个相互分享的包容环境，让他们彼此借鉴、共同学习。这也通常被客户认为是我国际化培训项目中最具价值的输出之一。

一旦通过调研收集到足够的信息后，你就要找到最合适的方式呈现你的发现。虽然可用的方法不少，但是我最推崇两款工具，分别是用户画像与共情地图。这两种工具将会在第 7 章详细讲解。

学习地点

学习地点指的是学习体验发生的地方，例如城市中的一片空地或一座建筑。实际上，一个学习体验可以发生在一个或多个地点。

毫无疑问，学习地点会影响学习本身。选择一个能够提升学习体验的环境，似乎是一个合乎逻辑且显而易见的做法。然而，挑选适合的学习地点往往不是人们优先考虑的事项，并且很容易被忽视。这样的例子数不胜数，例如老师只能在学校分配给他们的教室里上课；培训师只能在公司选定的场地里讲课。选择这些地点并不是因为会对学习体验有何加分，只是因为这是一个现成的默认选项。

事实上，在很多情况下，你是可以有选择的！不过并不是所有人都能意识到这一点。你不一定非要选择那些默认的地点，花一点时间问问自己：是否存在其他能够改善学习体验的选项？仅仅是提出这个问题就已经是一个好的开始了。一旦你意识到不同环境所蕴含的机会，就能打开新世界的大门，充分发掘各种环境的潜力来提升学习体验。这也是我非常喜欢参观各种地方的原因，因为它们为我提供无尽的灵感。

你可能会好奇，是不是想找到最佳地点不那么容易，是不是会耗费大量的时间和金钱，或者根本无法找到？在回答前我先明确一点，一个地点绝对不需要是完美的，只要是你所有选项中的最佳选项即可。正如设计过程中的其他环节一样，你要尽可能做到务实、落地，同时兼具创意。因为最终你会发现，很多条件会限制你的行动，把全部资源投入一个近乎完美的地点上似乎并不那么明智。将你的资源更加合理地分配，寻求一个还不错的地点，不失为上策。这一切，不外乎如何在设计学习体验的过程中将资源平衡分配。

假如你是一名培训师，选择不同的场域

会让体验迥然不同。例如，走出室内的户外活动能让人呼吸到新鲜空气、如沐春风。在大自然中散步，也是让大脑在后台整理思绪、身心放松、提起精神的好方法，况且有些活动的效果在户外显然比在室内好得多。选择一个令人舒心且与学习活动相匹配的地点，可以提升人们的精神状态，提高他们的参与度。你也可以试着想象一个截然相反的环境，对比一下就能瞬间明白选对地点的重要性。试想一下，如果你身处一个死气沉沉、光线昏暗、枯燥乏味且哪儿都别扭的地方，你还会享受在这里的体验吗？

选择合适的地点

我刚刚强调过，你应当主动选择合适的地点，而不是被动接受别人为你指定的地方。这是第一步。

之后，不妨花些时间整理一个可选的地点清单。可以是你的办公室、学校，或者其他附近可以出入的地点。秉承务实的思想，也不要忽视那些不太常规的选择，例如公园、剧院、图书馆、餐厅或者其他公共开放区域。

接下来，花一点点时间构想一下理想的场地。你会选在哪里？千万不要给自己设限，这个地点可以是世界任何一个角落。比如，这个地点可以是世界闻名的剧院、历史悠久的建筑、充满异域风情的异国他乡等任何你能想到的地方。

现在，你已经有了一系列可选之地。其实，在某些情况下，理想的地点不一定去不了。比方说，如果前往尼泊尔（Nepal）并亲眼看到珠穆朗玛峰对你的设计至关重要，并且你拥有足够的实力去一探究竟，那就去做吧！虽然大多数时候，我们必须接受一个不那么完美却足够好的选项。

那么，该如何从清单中选出最好的地点呢？这应该围绕着学习者是谁、他们有什么目标，以及这个地点可以怎样服务于这个目标而展开。对你认为最合适的地点进行简单的优缺点分析即可。

正所谓"计划赶不上变化",随着设计进程的推进,情况也可能发生改变。也许学习目标变了,或者在你深入了解了学习者的偏好后,想换一个不同的地点,又或者有人提出了之前从未考虑过的新选项。无论是哪种情况,直到最终确定设计方案前,都要对你选择的地点保持开放的心态。

不妨稍微回顾一下:

- 主动选择地点。
- 列出可能的地点清单。
- 描绘一个理想的地点。
- 从满足学员需求的角度出发,列出各个地点的优缺点。
- 如果情况发生改变,对更改地点保持开放的态度。

虚拟环境

你可能会好奇,如果设计一个虚拟的学习体验,这种情况下的地点又是什么呢?其实不管这个学习体验多么虚拟,学习的场地依然是真实存在的。举个例子,当你登录到某在线教育平台,准备自学网课时,你可能正坐在办公桌前。所以,学习地点实际上就是你的办公室。无论虚拟的学习体验有多虚拟,参与的学习者归根到底是现实世界中的人。他们的实际所在地,就是这个学习体验的地点。归根到底,虚拟的部分也属于环境的一部分,我们将在后面进行分析讨论。

地点选择的示例

当我在大学教授学习体验设计时,虽然校方总是会为我提供一间固定的教室,但这并没有束缚我讲课的方式。在为学生们介绍体验式学习时,我带领他们走出教室,手拿着粉笔,将街道的石板路作为黑板,在路面上为同学们写板书、画图。通过这种方式，学生们就能在一种生动、有趣、全情投入的氛围中感受体验式学习，从而对学习目标形成更深入的理解。

走出教室，让学生们活动筋骨、呼吸新鲜空气，对调动他们的积极性非常有帮助。众所周知，大脑需要充足的氧气。然而教室中的空气氧浓度总是低于室外，所以换个环境，身心愉悦。

就如何挑选适合学习的地点而言，这只是一个简单的例子。每当筹备学习体验设计大会时，我都倾向与大学合作，充分利用他们现有的场地资源。我会先去那些场地里走走，感受一下不同的空间，想想哪些学习活动能够与之完美契合。在策划设计、实地考察、迭代方案之间流转，无疑能够最大限度地利用场地资源，从而提升整体体验。

学习环境

环境描述的是人们在学习体验场景中，如何与他人以及周围环境进行互动。

同一个人，在不同的环境中，行为模式会迥然不同。造成这种现象的原因有很多，一些看似微不足道的事情，例如家具的风格，就可能产生令人意想不到的影响。

不妨试想，在一个传统的教室里，所有的桌椅都整齐有序地朝着讲台摆放着，你是什么感觉？不妨再换个画风，把严肃的桌椅都替换成豆豆袋、大靠垫和懒人沙发，以成堆的方式灵活布置在空间中，你又是什么感觉？不需要多说，这种布局会带来完全不同的氛围，激发出孩子们更加自由的学习方式。当然，这并不是说孰优孰劣，具体选择哪一种布局，完全取决于你希望在环境中实现什么样的目标。

家具是物理环境的一部分。当物理环境发生一点点改变时，人们往往一眼可见。不过，还是有那么一些环境因素，即使人们熟悉到不能更熟悉了，还是不那么容易被觉察到，那就是所处的社会与文化环境。

假设两所学校分别开设同一门课程，其中一所学校秉持传统且正式的教学方式，另一所学校则倾向于开放且自由的教学方式，这也将是两种完全不同的学习体验。有人在的地方就有规则，虽然有些并没有明文规定，但是人们却能够感受到。这些规则会在潜移默化中影响着你的行为举止、做的事情和学习方式。你或许有过格格不入的感觉，这也许是因为你并不清楚某种着装要求，或是不熟悉某种陌生的习俗礼仪，又或是不知晓

未被明文公布的规则。了解这些规则，就能在某些环境下设计出更加到位的学习体验。

现实环境中适用的社会和文化规则，在虚拟环境中同样适用。在虚拟环境中学习是常有的事情。在这种环境中，人们也会互相交流，但并非所有的虚拟环境都完全相同。假如你正在借助社交媒体学习，你会发现在 Facebook 上的感受与在 LinkedIn 上的体验截然不同[一]，这两个社交媒体平台都有着自己的平台文化和规则。

分析学习环境

在使用学习体验画布过程中，我们需要关注以下学习环境。

物理环境

这一项关注的是学习环境中学习者可以直接接触的所有物理实体，例如椅子、桌子、白板、教学材料等，以及研究这些实体物品是如何影响学习体验的。

虚拟环境

这一项关注的是虚拟学习环境中视觉、听觉的构成组件，例如操作界面、视觉设计、叙述展示、音频效果、系统架构等，以及学习者如何与这些组件进行互动。

社交环境

这一项关注的是人们在某个特定的环境中是如何互动的。例如，社交环境中的氛围是友善、协作的，还是激烈竞争的？人们之间是乐于交往的，还是各行其道？总而言之，人们都如何对待他人？

文化环境

这一项主要关注的是学习环境中的主导文化。比方说，有的组织采用的是更加传统的、正规的，以及等级森严的管理体系，而有的组织选择的是更加开放、

[一] 译者注：LinkedIn 是一个以专业和行业为中心的社交平台，主要用于职业发展和行业交流，而 Facebook 更偏向个人社交，用于与朋友和家人分享生活动态。两者的内容、交互方式和用户群体都有所不同。

轻松随意、较为扁平化的组织架构。明文规定规则和约定俗成的规则时刻影响着集体的行为。

接下来，你将设计学习体验画布中的"环境"这部分。你可以找来一张纸，均分成四个面积相等的部分。接着，从左上角开始，沿着顺时针方向，分别写下"物理环境""虚拟环境""社交环境"和"文化环境"，再分别填写收集到的数据和研究结论。

为了更直观地介绍这一过程，我将分享自己的真实经历。我曾经在巴西的圣保罗（São Paulo）和荷兰的乌得勒支（Utrecht），开设过同一门时长为一小时左右的培训课程，但对我和参与者来说，体验却截然不同。

在巴西的圣保罗，我们身处一个高耸的现代化商业大楼中，我面前有 80 位热切的学习者，还有超过 100 位观众积极地在线参与。通常来说，巴西人们的生活状态比较轻松，但是他们那种强劲的活力感让我大吃一惊。他们刚拿到任务，整个现场立刻变得热闹非凡。为了确保场内及线上的人都能听到我的声音，手握麦克风就显得尤为重要了。我切身体会到了南美洲人的热情。我对这个培训环境的笔记如图 6.7 所示。

物理环境	虚拟环境
桌子 椅子 屏幕 麦克风 相机	直播推流
社交环境	文化环境
热情的 活跃的 肢体接触	南美文化 巴西文化 躺平不卷 享受生活

图 6.7　在巴西的圣保罗进行的一小时左右培训笔记

在荷兰的乌得勒支，我们身处一幢富有历史气息的建筑中，来自芬兰、比利时以及荷兰的 16 名教育工作者参加了培训。这是一个纯线下的学习体验，没有任何线上的部分。与在巴西的圣保罗的情况相比，这里从一开始就显得更加宁静和正式。虽然所有的参与者都来自北欧，但是这些参与者的文化差异还是很明显的（见图 6.8）。来自荷兰的参与者是各个团队的领导者，因为他们的性格比较坦率和直接。相对而言，比利时的参与者则比较含蓄，并且会提出许多问题。在培训接近尾声时，一直在默默观察和分析进展的芬兰参与者才开始分享他们的观察、策略以及结论。

物理环境 讲台 桌子 椅子 投影	虚拟环境
社交环境 专业的 平静内敛的 友好的	文化环境 北欧风 不同国家 轻微保守 严肃的

图 6.8　在荷兰的乌得勒支进行的同一场培训的笔记

如你所见，即便是完全相同的培训内容，在不同的培训环境中也会让人有截然不同的体验。特别是环境中的社会和文化因素方面有显著差异。因此，了解环境对人的影响，对于向学习者提供更加个性的、有积极作用的和有深度的学习体验非常关键。

现在，请把注意力重新聚焦到纸上。当你用心填满所有格子后，你需要思考这个环境是如何影响学习者以及他们的学习体验的。如果你对这个环境充满信心，觉得没有问题，那么这一步就算暂且完成了。如果你预计这个环境可能会出现一些问题，就需要调整一下，或是干脆换一个地方。举个例子，如果这个空间实在是太过拥挤，容不下所有的学习者，那么你也只能换个地方。如果某个环境存在着潜在的文化冲突，例如竞争精神与合作精神之间的碰撞，也许你稍后可以挖掘出一些解决方案，运用活动巧妙地化解冲突，甚至将劣势化为优势。就当前阶段而已，你应该把这种潜在的文化冲突记录下来，酌情考虑。

在设计后期，你可能需要更换环境和（或）地点。比方说，在进行原型测试的时候，你发现这个空间存在一些无法弥补的问题。此时，你就要在学习体验画布上及时更新这部分内容。希望通过这个小例子体现出在设计的过程中该如何动态地使用学习体验画布工具。

可用资源

资源指的是在设计过程中以及将学习体验落地时一切可以利用的资源。

要想打造出最好的学习体验，你需要什么资源？一大笔资金？一台运行速度超快的笔记本计算机？一批顶尖的创意团队？还是一份没有截止日期的任务清单？

显然，每个人都希望拥有更多的资源，光是想一想就令人心动，然而我们还是必须面对现实。在现实生活中，我们必须充分利用手中的资源。这也许听起来和理想有些差距，但好消息是，绝大多数时候你实际拥有的资源可能比你想象的资源要多。我大致总结出了以下七类资源：资金、时间、工具、材料、地点、团队，以及参与。

列出资源

列出资源是一项相对轻松的任务。你只需要根据下面这些类别，思考一下你手中所能调动的资源。

资金

一提起资源，人们脑海中第一个浮现出来的往往就是资金，这一点无可厚非。拥有充足的资金能让你自由购买或租用所需的物品，构建团队。这里的关键点在于如何合理地使用资金，毕竟无限制的预算几乎不太可能。

时间

时间无疑是一种极其宝贵的资源。拥有更多的时间就意味着能做更多的事情。如果你能高效地利用时间，时间的价值就会增加；若是虚度时间，那么它的价值就会相对减少。将时间视为一种资源，会有助于你更高效地设计学习体验。

工具

在设计学习体验时，可能会用到各种类

型的工具。你可以利用（在线）协作工具，也可以采用类似于学习体验画布这样的纸质工具，或者其他的专业设计软件。

材料

谈到材料，我喜欢使用各种各样的材料，以纸张、铅笔、橡皮泥、纱线、便利贴等来进行原型创作。用这些材料为你的学习体验赋予"生命"，可能会带来意想不到的启发与灵感。重要的是，只要你敢于尝试、不断探索，你就会发现可以用于学习体验设计的材料多到超乎想象。

地点

如先前所述，你需要一个适合学习的空间。这个空间既可以是真实的，也可以是虚拟的，甚至可以是真实与虚拟的完美结合。当你拥有一个可以自由支配的空间时，这无疑是一项核心资源。去了解、探索你能使用的所有场地，思考这些场地如何助力你的设计，可以帮你打开思路。

团队

虽然你一个人也能做很多事情，但毕竟无法包揽全部。与他人合作并充分发挥他们的专业技能，无疑能大幅提升你的设计品质。所以，去寻找合适的伙伴，去组建一个多元化的设计团队吧！团队本身也是一项重要资源。

参与

人们的参与无疑是强大的资源之一。如果人们信任你，他们会在你成功的路上助你一臂之力——无论贡献的是动力、灵感还是能力。不管他们是你的客户、用户、研究团队还是其他感兴趣的利益相关者，只要他们参与，就没有什么能够阻挡你迈向成功。

寻找资源

在我们日常生活中，往往有大量的资源被我们忽视了。你需要花上一些时间来细致地寻觅这些可能对你有所帮助的资源。

其实，很多事情可以实现，只要有人相信你要做的事情，他们就会乐于提供帮助或分享资源。有时，你只需要将你正在做的事情解释清楚，然后勇敢地表达出你的需求。你会意外地发现，他们愿意向你开放他们的资源！也许有人会为你提供一个绝佳的场地，或者有人会愿意花几个小时来搭把手。

这其实就是学习体验设计大会如何从一个想法变成现实的真实历程。我一直有个目标，就是希望通过一次活动将更多对于学习体验设计感兴趣的人们聚集在一起。当我还没意识到发生了什么的时候，就已经在一群热心的专业人士和学生的支持下找到了场地，并在 2016 年成功举办了激动人心的全球首届学习体验设计大会。

挑选资源

思考如何最有效地利用手头的资源是非常关键的。

资源始终是实现目标的工具，你运用资源的目的，是创造出一种能够帮助学习者实现目标、达到预期效果的体验。然而，有些人却反被资源限制了学习体验的形态。

例如："我们必须用平板电脑才能创新。"或者"我们必须用这款在线游戏，因为孩子们就喜欢这个。"

这一思路恰恰本末倒置了。正确的思路是，你要先决定想要实现的目标，然后再选择助力实现这些目标的资源。

同时，不要过度依赖手头能轻易获取的资源，因为它们可能并不适合你的设计方案。举个例子，也许你手边就有一堆笔记本电脑可用，但是一款教育版的纸质桌游可能会是一个更好的解决方案。你手边有什么并不意味着你就得用什么。同理，没有资源，也并不意味着你就找不到好的替代品。打开眼界，寻找你真正需要的资源。

制约因素

制约因素包括所有影响设计、实现和执行学习体验的限制条件。

无论你设计的是什么类型的学习体验,总会有自己力所不能及的事情。尽管这些限制条件有时会令人沮丧,但是它们也能激发出你最好的一面。

制约类型

在设计学习体验的过程中,你可能需要应对若干种不同类型的限制,你应特别关注以下这些层面的限制条件包括个人层面、实践层面、组织层面、科技层面、文化层面和法律层面。

个人层面

没有人能做到尽善尽美,我们也不能满足心中所有的渴望。作为一个专业人士,切实地认识到自身的优点和局限尤为重要。无论对自己还是对团队都不要过度索取。例如,假设你想在设计中使用视频,却从未有过拍摄或剪辑视频的经验,这时候你就要保持谨慎。在需要帮助的时候勇于寻求援手,尽量避免出现自己通宵熬夜,最终却换来一个什么也不是的作品的情形。

个人层面的限制也适用于学习体验中的学习者以及其他参与者。他们可能存在学习障碍、个人问题或情感、心理障碍等。同样,也要合理预期其他老师、培训师或专业人士能够为你带来什么。

实践层面

有时候,事情进行不下去只是由于一些比较现实的原因:资金短缺、时间不足、资源匮乏,甚至出行限制等。我向来喜欢为我的工作和团队设定高标准,但是沉浸在那些听上去很丰满,现实却很骨感的美好景象里,很容易让人迷失方向。谁不想在罗马身临其境地了解罗马历史,或在大堡礁潜水学习海洋生物知识呢？虽然，这对一些人来说或许可以做到，但对大部分人来说遥不可及。如果某件事情根本无法落地，那就不要继续在上面浪费你宝贵的时间了。反之，你应该尽可能找到替代的解决方案。

组织层面

作为一名学习体验设计师、培训师和老师，我有幸见识过各类组织的运作方式——或运转顺畅，或执行困难。每次的情境都不尽相同，有时候我能为客户、培训的参与者或学员做出的贡献着实有限。不过，更多的时候就可行性而言，制约因素还是可以被解决掉的。

理解这些组织中的需求、约束、规章制度，以及其中的可能性与局限性，对于在不同环境中工作来说至关重要。这样，不仅能极大地提高工作效率，也可以在陷入困境时为找到最佳方案提供思路。

科技层面

科技力量非凡，只要正常运转，就能协助我们做到很多不可思议的事情。然而，每个人或多或少都遭遇过崩溃时刻。你明明已经测试并检查过所有的东西，但是不知道什么原因，电脑依旧毫无征兆地崩溃了，你不得不急忙寻找解决方案。意外的事情总会时不时地发生，事先准备好一个备份方案是很有必要的。

当然，科技的硬件条件有时候也会是一个制约因素。回想当年，我曾开展过一个由欧洲和非洲的同学们共同参与的设计工作坊。当时，非洲的同学们居住在一个偏僻的乡村，整个区域接入互联网的方式还只能依赖于过时的拨号上网。为此我们找到了一个解决办法：那就是搭建一个超级简单的网站，这种网站支持线上和线下操作，并能最大限度地减少数据传输，极大地规避了网络缓慢所导致的效率低下。

文化层面

在设计中加入一些幽默元素,有些人可能会笑出来,有些人则可能不会,甚至还有一些人可能会感到被冒犯。我的团队曾经用一种卡通的方式描绘了基督,结果却并未得到认可。有些看似无伤大雅的创作手法,对其他人来说可能就成了无法谅解的伤害之举。文化差异可能会是一个制约因素,所以有必要认真研究。

文化多样性能够丰富体验、启发灵感。了解在一个国家、地区、学校或公司中可以做什么、不可以做什么,是设计成功的大前提。

法律层面

绝对不能轻视法律层面。不用我过多解释,你自然了解违反法律的后果。根据你所在的国家,以及你为之设计的机构,要遵守的法律、规则和条例会有所不同。要特别关注的问题包括如何处理知识产权、敏感内容、合同义务以及潜在的法律责任等问题。

我曾经设计过一些针对某类员工的强制性学习,因为法律规定他们必须具备一定程度的专业知识。虽然设计方案可以天马行空、令人赞叹,但是该有的都得有,不能遗漏重要的信息,也要确保最终能实现预期的结果。

确定并应对制约因素

这需要我们细致地观察并思考,哪些主要因素可能会制约这个学习体验,然后规划好该如何应对这些制约因素。

列举所有可能在个人、实践、组织、科技、文化和法律层面的制约因素,并认真区分出哪些因素可能明显影响你的设计。对于法规、制度等存在任何疑虑,一定要研究透彻。当你全部列举完后,想一下这些制约因素是如何影响你的学习体验的。如果你感觉某些限制确实会造成较大的影响,就要尽量寻找对策将其彻底解决,或降低它们的影响程度。

制约因素的确会约束你的选择,但绝不应该削弱你的创造力。实际上,这些制约因素应当变成激发你创造力的推力，迫使你找到创新的方法来解除这些束缚，从而让你的设计更上一层楼。

不妨做一个有趣的思想实验，从中寻找化解制约的创新方案。假设屈指可数的预算是当前最大的一道坎。你干脆这么想，如何在预算为零的情况下，依然设计出最佳的学习体验。通过这种方式，你可能会逼着自己想到一种既花钱少又效果惊人的方案。或者，你可以找到赞助商并成功说服他们，说明投入一点资金就能对学习者产生重大的影响。无论哪种方式，动用更少的资源达到更大的效果，都需要你怀揣无限的创造力和对把事情做成的渴望。这方面的能力永远是人们所需要的。

设计策略

策略指的是基于探索阶段的工作成果而总结出的一套设计方针。

请仔细观察学习体验画布的上述 8 个元素（学习成果、学习目标、参与者画像、人群特征、学习地点、学习环境、可用资源和制约因素）的结果。

得出设计策略，是学习体验画布中最具挑战的任务之一。它之所以难，主要在于思维方式的转变，即从理性的分析型思维转变为更加感性的创造型思维。出色的策略能够在探索与学习体验之间搭建一座桥梁。

制定策略的关键在于如何为学习体验画布上的各个元素构建关联。这些关联会为你提供宝贵的设计洞察，让你明白该做什么和不该做什么。每一条关联都建立在两个或者更多的元素之间。比方说，你可以把一个特定的学习目标与资源进行关联，如果某个资源正好能够实现该目标，那么利用这个资源将成为一个战略决策。

在构思体验的具体形态之前有个明智的策略作为指引，将有助于你聚焦创造力，也能确保最终的设计与学习者的目标需求保持一致。首先你要制定策略，然后构想方案和设计细节。

制定策略

制定策略的方式有很多种。总的来说，我更倾向于使用"如果……那么……"的句式，这是一种既简单又有效的策略。

我刚刚谈到了要使用特定的资源来达到学习目标。例如，学习目标是有效的在线沟通，而使用的资源是学习者的手机。那么这个例子就应该描述为：

如果我们希望学习者能够更高效地在线沟通，那么他们可以使用自己的手机。

倘若你能加入更多元素并加以解释，你的策略会更上一层楼。想象现在有个限制条件是预算短缺。于是就变成了：

如果我们希望学习者能更高效地在线交流，那么他们可以使用自己的手机，特别是因为我们的预算非常有限。

以上是一个显而易见的策略。不过有些策略可能不那么明显，难以被察觉。这就好像解谜一般，可能需要你深入剖析一番。

试着从关联两个元素开始，然后在过程中加入更多元素并找到它们之间的关系。我非常喜欢去寻找不那么显而易见的关系，并设计出巧妙的应对策略。这是个有趣的挑战，而且的确能让发展突飞猛进。

下面是一些策略的示例：

- 如果时间有限（制约因素），那么我们应该关注最重要的目标（学习目标），而不要太在意那些锦上添花的目标（学习目标）。
- 如果某些学习者（参与者画像）害怕改变（人群特征），那么我们需要尽早解决这些情绪（过程设计），以确保他们能够以小组的形式参与（学习成果）。
- 如果大学生（参与者画像）必须学会解决复杂问题（学习目标），那么我们需要采用跨学科小组合作的方式学习（活动），确保多元化的视角（学习目标）能够被兼容并蓄。
- 如果客户的需求（学习成果）与学习者的一些目标（学习目标）发生冲突，那么我们可以邀请客户一同参与讨论，寻求最满意的结果。

策略的分类

一旦梳理出了各种设计策略，你就可以进一步考虑把它们分类。拥有一个类别清晰、井然有序的策略清单，这将远比一个包含各种冗长条目的列表更方便参考使用。具体的分类方式取决于你设计的学习体验。通常来说，以学习者及学习成果或目标作为分类参考是个不错的主意。

区分策略与活动

你已经看到了好的策略该是什么样子，那么不好的呢？其实在这个阶段，最容易犯的错误就是直接跳到设计环节，忘了应该先制定策略。我经常见到这种情况出现，下面我将用一些例子加以说明。

- 玩游戏。
- 进行在线寻宝活动。
- 观看视频。
- 采用微学习。
- 创造有趣的体验。

哪里出了问题呢？玩游戏、进行在线寻宝活动或观看视频都是活动，而不是策略。在设计策略阶段，你不是在设计具体的学习活动，而是在研究制定设计活动的策略。这两者有很大的区别。你的策略应该是为你指明方向的，而非描述活动本身的。

对于倒数第二个例子"采用微学习"，问题主要在于你选择了这种策略却并未给出充分的理由。你为什么想采用微学习？为什么这样选择？如果你通过设计研究发现，学习者更倾向于多个小活动的组织形式，且又能同时满足学习目标，那就要记下这个推理过程。你可以运用"如果……那么……"这个句式，你可以这样表述：

"如果知道我们的学习者更倾向于参与更多小活动，而不是大活动，那么这个学习体验可以考虑采用微学习的形式。"

无论何时，当我们做出设计决策时，都应给出相应的理由，结合在学习体验画布中观察到的线索，做出更为恰当的判断。

对于最后一个例子"创造有趣的体验"，类似于这样的策略有点过于抽象笼统了，而且似乎没有太大的意义。如果不是创造有趣的体验，那么还能是什么呢？要让体验变得无聊吗？使用的词汇不妨更加具体一些。比方说，可以换成"可玩性"或者"充满娱乐性"等指向性更强的表述。当你使用这些词汇时，还需要解释清楚为什么体验需要呈现这样的状态。比如下面这个例子：

"假如学习者（特征）的参与意愿不高，我们可以让体验的初始阶段（过程）更具娱乐性，从而激发他们参与的积极性和学习的兴奋感。"

在这个例子中，你能清晰地看到你的设计策略并不会决定设计的具体形态。显然，让学习体验的开场变得好玩的方法有很多，不必拘束于某一种。

现在给你一个挑战：你能在一分钟内想出多少种有趣的活动？开始计时！这个一分钟小挑战可以体现一个想法和一个设计策略的区别。

推迟构思

花些时间斟酌策略，可以顺利完成以下两项极其重要的任务：

- 帮助你更有效地推进设计。
- 可以适当地推迟构思阶段。

不知道你有没有这种感觉？当身处创新设计的过程中时，新想法常常会在脑海中闪现，特别是在项目的初期阶段。

试想，一个项目刚刚启动，客户和你说她希望公司的员工们可以进行更有效的协作。你的第一反应可能就是：

"我记得有一款协作游戏，只要稍作改动就能给你的员工用，这肯定能提高团队的协作效率。"

这个想法行不行得通并不重要，重要的是你这么做破坏了创新的过程。这会发生什么呢？你很可能会顺着这个思路一直走下去，直接跳过探究和构思的步骤，或者这个想法会一直潜伏在大脑的深处，阻碍你提出新想法。

构思阶段并不只是单纯地汇总现有的想法，而是去生成更多的新想法。设计策略的意义就在于迫使你在之前的研究与分析基础之上构思自己的创新方向。你一旦掌握设计策略，就能指引你找到最适合的学习者以及有关学习目标的想法与设计。

学习活动

现在，我们正式进入设计阶段！活动指的是学习者为了学习而真正要做的事情。

在你设计的学习体验中，学习者到底会做些什么？回答这个问题是学习体验设计师工作的重中之重。每当你设计出一种学习体验时，你都要想办法去引起学习者的兴趣。

在传统观念里，关注点更多集中在为了辅助学生学习，老师或培训师该做些什么事情。例如，学校里的教科书都是为课堂场景设计的，内容都是一节一节的，这样老师就可以把一节内容拆解成更小的部分来适应一节课的时长。

然而，在学习体验设计中，我们更关注学习者要做些什么，怎样才能从体验中学习。即便过程中会有他人辅助，但学习者的活动始终处于主导地位。

以策略为出发点

那么具体该怎么做呢？你可以从学习体验画布中选择一个或者多个学习目标开始，不过最好是选择最主要的学习目标，因为它们对学习体验设计是至关重要的。

一旦选定了学习目标，就要认真研究设计策略。比方说，有哪些方面需要特别注意？你的策略或许能为设计指出一条明路。由于学习者自身的特征各不相同，特别是考虑到场地因素时，学习者需要的活动类型也会有所不同。

例如，假设你正在为6岁左右活泼好动的孩子们设计一项活动，手头恰好有一个体育馆可以利用，那就应当尽量发挥这个优势。这是个让孩子们活动身体、寓教于乐、开心释放能量的绝佳场所。你设计的活动就可以顺着这个思路来。

构思

一旦你心中对策略有数，接下来就可以将重点放在构思上了，既可以聚焦于某个具体的活动，也可以针对整个学习体验。比方说，假如我正在设计一款以校园安全为主题的游戏，我会先把精力集中在构思游戏概念这一环节，其他方面的细节先不去关心。因为游戏是整个体验的灵魂，对其最先投入绝对物有所值。

如果在构思的过程中并没有哪个活动令人眼前一亮，你可能要跳出局部，从更宏观的视角从头再来，开阔思路，拿出更加多元的想法，从整体上进行优化。

不要抓住一两个想法就死守到底，要学会享受创新的自由，沿着多个方向探索新思路和新想法，摸索出最有潜力的点子，然后进行筛选。

正如前面提到的，要把一个点子转变为实际的学习体验，你需要将想法概念化、可视化，进而原型化。尽管步骤就是那些步骤，但操作流程却是千变万化的，我们从未发现一模一样的两个案例。有些设计相对容易一些，而另一些则需要付出巨大的努力和不断迭代才能完成。有必要的话，不妨回顾一下第 5 章的内容。

在确认活动完成之前，请问自己以下几个问题：

- 我设计的学习活动是否符合我制定的设计策略？
- 这个活动能否帮助学习者实现设定的学习目标？
- 所有的活动加起来，能否帮助学习者达成预期的学习成果？
- 这些活动是否是积极的、个性化的且富有意义的？

如果这些问题中有一个或更多的答案是"否"，这意味着你的设计还未完成。因此，不妨把这些问题当作校对清单。当沉浸在头脑风暴的脑力激荡时，设计策略可能会被你抛诸脑后。也许你的设计会不小心漏掉一个或者两个学习目标，进而影响希望达成的学习成果。所以，在享受设计过程的同时，也要留意你那些惊奇、疯狂、独特且创新的想法是否能够真的奏效。至此为止，学习体验画布只剩下最后一块还没有介绍，也就是设计阶段的第二部分。

过程设计

过程指的是一系列经过安排和计划的活动，随着时间的推移会真实发生的学习体验。

是时候说说时间了。

时间和体验是无法分割的。正如同聆听一曲美妙的乐曲，一段体验是随着时间的流逝而发生的，如果没有时间作为载体，体验也就无从谈起。因此，你设计的体验正是建立在时间的基础之上的，研究的也正是对时间的分配和利用。

每个时刻都是转瞬即逝的、一去不复返的，我们无法让时光倒流。时间一旦过去了，就永远消失了。因此，你的目标应当是设计出一段对学习者来说真正有价值的学习体验，让其愿意用生命中宝贵的时间与之交换，要知道他们交付的时间是永远不可能退货的。因此，这无疑是一个艰巨的挑战。

所以，在你确认最终的学习体验设计方案前，一定要问自己这个问题："我希望让学习者投入的时间是否值得？"

或许，你可以通过简化一个活动来节省时间。又或许，你可以让一项活动（更加）具有吸引力和参与感。无论你最终决定怎样，一定要记住，千万不要浪费时间，时间实在是太宝贵了。

假设你为你的学习体验设计了好几个活动。接下来要做的就是将它们整合到一个能达到预期学习效果的流程中去。要做到这一点，你需要回答一些问题。

何时开始学习体验

设计流程的主要职责就是确定什么时候做什么事情。你需要先明确学习体验什么时候开始，什么时候结束。请注意，学习体验的结束并不意味着你的学习就此终止。实际上，有许多方法可以进一步延长学习体验。例如,你可以提供一些工具或资源,让学习者在学习体验正式结束后,依然可以自由使用。你需要思考学习者将如何告一段落,以及体验将如何持续影响和改变他们的生活。

何时开始学习活动

"何时"这个词具体意味着你设计的学习活动将以什么顺序进行、持续多长时间,以及具体什么时间点开始。

时间回到 2016 年,当时我和团队正在筹备首场学习体验设计大会,我们花费了大量时间去梳理整场活动的议程。要知道,议程不只是罗列出一个个活动的单子,更是参与者体验背后的核心架构。当时我们的确有一些大胆的想法,而实现这一切的关键就在于时间。我们希望避免过多的类似于演讲式的被动型活动,而是加入一些更具互动性的学习活动,比方说设计工作坊,来平衡整体的参与感。此外,我们还需要提供适当的休息时间,确保参与者有足够的时间去消化这一切,泡杯咖啡,尽情享受一场不期而遇的对话。所有这些安排,从开始到结束,都需要被安排在合理的时间框架内,尽可能更自然地满足所有参与者的需求。

在开始安排前,你需要先对整体体验有一个预估时长。同时,一个学习体验可能会包含多个活动,因此你也需要决定这些活动的先后顺序。有些顺序可能很明显,比如复盘讨论应当在体验活动之后,而非之前。在其他一些情况中,活动的顺序选择也许会更为复杂,尤其是在特别定制的项目中。有时候,你需要比较几种不同的活动顺序,才能确定最适合的方案。

另外,建议你把每个活动的时长尽量控制在较为合理的范围,毕竟学习者的注意力通常有限。一言以蔽之,你应当把事情做到尽量简洁或者至少不过于冗长。

既然你已经了解了各项活动的执行顺序及需要的时长,接下来就要确定每个活动开始的具体时间了。这一步意义重大,因为这将直接决定学习体验的节奏和流动性。

一个好的节奏能够给予学习者充足的时间去消化每个学习活动。有时候，人们需要一些时间让所学所感沉淀下来，把这段时间纳入你的设计中真的会产生非同小可的作用。比如，留出一个 30 分钟的休息时间，或者经过一夜安稳的睡眠，都能够显著提升学习体验的品质。这就是你既要设计学习活动的时间，也要规划出活动与活动之间的留白的原因。

学习者之旅

对于学习者来说，完整的学习体验是什么样子？

一旦确定了活动时间和整体框架，你就可以添加更多细节了。你可以借助"学习者之旅"这个方法，将整个体验过程可视化。你可以一步步地推进，从头到尾将学习者会经历的事情感受一遍，洞察他们的全局体验，其中不可忽视的就是学习者的情绪变化。人的感受会直接影响自身的学习状态。正如本书中关于学习体验设计原则所指出的，学习过程是受情绪影响的。

情绪在学习过程中的重要性不容小觑。在学习者旅程中加入"情绪地图"这一部分，能够提升你的设计方案以及学习体验的整体品质。当你了解到学习者在不同的阶段通常会有什么样的情感反应时，你就能提前做好准备，更加尊重、有效地去应对这种情绪变化。

体验地图是一块相对独立的内容，我们将在下面内容中与其他设计工具及方法一同探讨。

使用学习体验画布

现在你已经熟悉了学习体验画布上的所有元素，是时候亲自试一试了。有很多"打开方式"都可以发挥学习体验画布的威力，让我们一起来探索一下吧。

每一次使用学习体验画布，你都能学到新东西。这是来自无数真实设计案例的经验总结。从表面上看，学习体验画布并不难理解，只要了解了每个环节，就可以拿来用了。不过一旦深挖下去，你会发现，随着你的分析与创新能力的不断提升，画布的深度和层次感也越来越显得丰富。

使用学习体验画布的场景

你可以在各种场景中使用学习体验画布。

- 为自己或客户创建一个快速的概览，帮助你们更好地理解设计的目标和背景。
- 与学习者、专家、客户和（或）其他利益相关者共同创建活动设计，可以使用学习体验画布来组织和架构这些会议，让讨论更有层次。
- 以学习体验画布为抓手与你的设计团队开会讨论，根据实际需要按排时间，短则 30 分钟，长达一天甚至更久。
- 在重新设计时，用画布拆解当前这个版本的体验，这有助于发现当前设计中的优点和有待改进的地方。
- 记录设计研究的成果，看看是否有所遗漏，确保一切就绪后，就可以着手你的设计了。
- 当与一大群人合作时，可以将成员分成不同的团队，让每个团队自行完成他们的学习体验画布，并在汇总时比较各组的讨论结果。

选择适合的方式

在使用学习体验画布时，你完全可以选择适合自己的策略和步骤。

刚开始使用学习体验画布时，最简单的方法就是顺着步骤一步一步地完成。你只需要按照本书中的顺序进行即可。从学习成果开始，以设计过程收尾。

在完成所有 11 个元素后，你便有了一个完整的概览，也更容易看清哪些部分还需要进一步深化和完善。举例来说，你可能要进一步了解选定的地点，或者某个学习活动和当前的流程存在哪些冲突等。

试着尽快完成学习体验画布的初稿。虽然工作是逐步开展的，但这并不意味着你不能修改。没有什么是板上钉钉的，你总是有机会进行调整。

你可以先从已知的事情入手，将它们直接添加到学习体验画布的结构图（参见图6.2）中，例如已经定下来的学习成果、参与者名单、活动地点和一些资源。这么做可能会使学习体验画布上的一些部分空着，或者看上去不太完整，不过就现阶段而言，这并无大碍。即使是局部的概览，也能让你清楚自己当前的进展，明确你正在处理的问题和面临的情况是什么。继续推进，你就会知道还缺少些什么，以及在设计研究过程中应该重点关注哪些方面，这会让整个过程具有针对性，效率倍增。

最后，你还可以用一种动态反馈、持续迭代的方式使用学习体验画布。我自己就是这么做的，因为这不仅可以让我探索尝试、反复测试，而且在这个过程中，我还可以随时认识新方法、学习新东西。

我在荷兰埃文斯应用科学大学教授学习体验设计时就从学生们身上学到了很多。他们认为学习体验画布是设计过程的基石。每当他们萌生出新的想法、设计方案，或提出新的原型时，他们便会回到学习体验画布，以确保这一切与他们的策略和研究发现保持一致。如果有些出入，他们就会重新考量一番。他们常常会多做一些研究或者测试，随时更新在学习体验画布上的发现。

学生们的成果令人印象深刻。如果将他们的作品与之前从未使用过学习体验画布的学生的作品进行对比，你会发现区别相当明显。在过去的几年中，学生们不仅学得很痛苦，设计中也存在一些明显的短板。不过在引入学习体验画布后，他们设计中的盲点几乎都被消除了，设计水平总体也有了明显提升。正是这些进步，让我对学习体验画布与学习体验设计的力量充满信心。

享受学习体验画布的乐趣

我们已经走过漫长的探索阶段，详细地研究了个人因素和环境因素，并据此确定了相应的设计策略。然后，我们开始愉快地构思策略和活动，并在需要的时候随时返回探索阶段。

就像创作一幅画，学习体验画布从来都不算是被真正完成了。随着时间的推移，画布会变成一份随着你的进展而演变的动态文档。每一次的迭代，你都会收获种种全新的关键领悟，更接近你最终的理想设计。将学习体验画布作为你的创新工具，推动你的设计过程，创造出无与伦比的学习体验。将学习体验画布与下一章的工具有机结合，你会做出最棒的设计。尽情享受吧！

07 | 第 7 章

This Is Learning
Experience Design

三款强大的
设计工具

> 如果人们了解我为了达到当前的技艺水平所付出的努力和决心，他们可能就不会对我的成就那么叹为观止了。
>
> ——米开朗基罗（MICHELANGELO），艺术家

选择恰当的工具能够事半功倍。现在你已经对学习体验画布了然于胸了，接下来将介绍三款强大的设计工具。

如果把锯子、锤子和一些钉子交给一名木匠，你定会期待他造出令人惊艳的作品。但要是把同样的工具交给我就不一样了，恐怕你只会得到一碰就坏、动不起来，甚至完全没法使用的东西。显然，使用工具的人比工具本身更重要。虽说即将介绍的工具既强大又极具价值，但如何将它们应用得恰到好处，着实还取决于你自己。你可以的！

具体来说，我们会详细介绍用户画像（Personas）、共情地图（Empathy Maps）和体验地图（Experience Maps）。

用户画像

要想对设计的目标人群形成清晰的认知，不妨试着打造一个用户画像。用户画像指的是能象征着一大群人的虚拟人物形象。

用户画像这个概念来源于交互设计领域，用于理解用户的需求体验、行为和目标等。尽管用户和学习者在本质上有所不同，但打造和使用用户画像的逻辑在学习体验设计中异曲同工。

设计大师阿兰·库珀（Alan Cooper）曾言："用户画像是我们使用过的最强大的设计工具。在以目标驱动的设计中，这些画像将为后面的工作打下坚实的基础，能让我们洞悉设计的本质和边界。（它们）就如同医疗手术时的照明灯。"

用户画像应当始终立足于设计研究。也就是说，你必须理解你的用户是谁，能够与他们感同身受。一旦你完成了调研工作，并且对你的学习者已经熟稔于心，就可以开始构建用户画像了。

你要尽可能地让用户画像看起来真实，应当完善其个人信息，如照片、姓名、年龄、职业、文化背景、个人兴趣和爱好等。根据这些信息，你可以编写一则小故事，让用户画像如同一个人一般生动地呈现在你眼前。当然，你也应该将这个用户画像、他们的故事与你设计的学习体验巧妙地融合在一起。比方说，你设计的学习体验或学习成果在他们的生活中发挥着怎样的作用？反之，如果你收集到的个人信息和设计目标没什么关系，那么设计出来的东西可能也会比较泛泛，缺乏针对性。

例如，假设你正在为一名因学习问题而苦恼的法国小学生设计学习体验，仅仅提到他是一名 8 岁的男孩，居住在马赛，喜欢宝可梦，这样的描述可能还是太过笼统。你应该试着让他的画像更具体，更具相关性，比如像下面这样：

8 岁的比利尔（Bilal）来自法国马赛，他是个聪明伶俐且善良的学生，但是却常常因为在学校里遭到霸凌而表现不佳。每天在上学的路上、课间休息的时候，都有一群家伙来找他的麻烦。昨天，这些横行霸道的同学甚至抢走了比利尔最喜爱的宝可梦卡片。比利尔的父母对他的学业感到无比焦虑，然而作为受害者的他却羞于向父母提起自己被霸凌的事实。

当你读到比利尔的故事时，就能感受到他的凄惨遭遇，并开始想象自己该如何通过设计帮他摆脱困境。他面临的霸凌问题、内心的恐惧，以及父母的担忧之情，都清晰地展示出问题所在，以及对于解决方法的迫切需求。

比利尔代表了一群虽有实力，却由于种种原因未能真正发挥出自身水平的学生群体。除了校园霸凌，你可能还需要刻画出因其他缘故而成绩不理想的用户画像，这样才能更具代表性地描绘这个群体。困扰他们的原因是什么、他们喜欢（做）什么，以及你能为他们提供怎样的服务。这些可能与他们的同龄人统统不一样。比方说，有些学生可能是因为贫困而无法保证一日三餐，从而导致成绩堪忧，或者他们是因为面对考试的压力而感到焦虑万分。

如果你能理解他们为什么会做出某种行为，你就能找到切合他们需求的解决方案。相比于仅根据人群的背景信息进行划分，基于行为特性的归类则更加精准。你需要密切关注学习者在日常生活中的具体行为，这样才能创造出与他们生活紧密相连、最能服务到他们的设计方案。

用户画像的优势

我对用户画像这一工具倾心有加，在此与你们分享一些我的使用心得。

一份用心打造的用户画像可以清楚地传达你的设计主体是谁。用户画像能够以一种个性化的、易于理解的方式展示你在设计研究中收集到的数据信息。

用户画像在整个设计过程中起到不可或缺的作用。我非常喜欢与用户画像进行"对话",虽然这听起来有些不可思议。

假设你打造的用户画像是一位 35 岁的来自加拿大蒙特利尔的女科学家,名叫玛利亚·杜邦(Maria Dupont)。那么在做出每一个设计决定时,你都可以问问自己:

"这个设计适合玛利亚吗?"或者"玛利亚看到选项 A 和选项 B,会更倾向哪一个呢?"

有一个清晰明确的用户画像会让所有的设计决策变得更简单。

同时,用户画像还可以避免出现所谓的"泛化用户"的情况。当没有具体的用户画像作为锚点时,你真的很容易忘记用户真正的关注点是什么。你会不自觉地添加上一些你认为用户会用到并认可的功能,即使这些功能并没有增添任何实际价值。只有紧扣用户画像,才能避免陷入过度设计以及偏离主题的陷阱。

构建用户画像

首先要确认用户画像的基础信息。当然,名字必须是虚构的,正如本书的做法一样。

注意不要塑造出一种刻板印象的、带有歧视色彩的形象。应当尽量避免凭空捏造、主观臆断或者刻意偏向等问题,要适当地结合自己在设计研究中收集到的数据,创建一种真实的、不偏不倚的、客观公正的形象。

- 年龄。你的学习者多大年龄?最好参考目标学习者群体的平均年龄。当然,如果你面对的群体年龄层次区别明显,比方说家长和孩子,那就不能用平均年龄了。此时,你需要创建两个不同的用户画像,才能更贴合这两个学习者群体。
- 性别。接下来,看看目标群体中女性、男性的比例,再来决定你的用户性别。有些时候,其中一方占据大多数,决策也就相对容易。若无明显主导的性别群体,你可以选择其中一种性别来设定角色,或者创建两个用户画像以确保两种性别群体皆有代表。这一原则适用于你创立的用户画像的所有特征。虽然我们的目标是创建尽量有代表性的用户画像，但同时不要忽略任何重要的学习者群体。

- 地理位置。你的学习者来自哪里？请为他选择一个国家，并确定一个具体的城市。若该城市是个大都市，那可以具体到某个区域或社区。
- 姓名。请为你的学习者取一个有意义的名字。乍一看，这个过程简单有趣，但实际上其意义被大多数人低估了。起一个恰当的名字并不容易，名字承载的不仅仅是一个人。

让我们稍微停下来思考一下这背后的意义，名字可以反映出一个人的属性、民族以及其所处的文化环境。比如，让我们来对比一下君特·霍夫曼（Günther Hoffman）和达伦·汤普森（Darren Thompson）或者穆罕默德·巴奇尔（Mohammed Bakir）。你可能仅凭名字就能判断出来他们谁住在澳大利亚、谁住在摩洛哥、谁住在德国。如果我告诉你，其实穆罕默德住在德国，达伦是摩洛哥的外籍人士，而君特则在澳大利亚的黄金海岸享受他的退休生活，你是不是觉得惊讶？这是不是会改变你对于整件事情的理解？

所以请务必留意惯性思维，并清楚你所选择的名字的意义。名字应当是具有一定代表意义的、真实的，以及值得尊重的。我有一个好办法供你参考，你可查找研究过程中出现的学习者，将他们的姓名稍加修改，变成一个新名字。

- 职业。现在是时候为你的学习者安排一个适合的职业了。如果你正在为某个公司的管理团队设计学习体验，那么职业就已经自动安排妥当了。或者，如果你的学习者是正在学校上学的 K-12 学生，职业也直接明了了。如果你是为其他不同类型的学习者设计，那就需要做决定了。你可以看看其中哪些职业类型最常见，可以选择最符合实际情况的那个。
- 受教育程度。鉴于我们是为学习者设计，所以他们的受教育程度是非常重要的事实信息。了解他们的受教育程度，不仅有助于我们衡量他们的认知能力或智力水平，也能从侧面反映出他们的需求、期望和个人偏好。一位拥有博士学位的学习者期望的学习体验大概率与拥有其他教育水平的人群有所不同。作为一名设计师，我对任何一类的学习者都一视同仁，我只是希望为他们提供对口的最佳体验。

- 家庭。学习者的家庭状况如何？是一位与单亲妈妈、弟弟共同生活在一起的小女孩？还是一个没有孩子的已婚男性？家庭是人生中一个重要的组成部分，能很好地反映出人们的出身，以及日常生活是什么样子。
- 画像。你可以为自己的学习者附上一幅画像，这可以是一幅插画或者一张照片。在塑造用户画像的过程中，这个环节会比较有趣。正所谓一图胜千言，所以选择图片的时候要更加明智。另外，请注意不要使用个人照片和（或）受版权保护的素材。

以上这些就是塑造用户画像所需要的基础信息，下面介绍如何丰富信息。

- 个人简介。如何丰富地创造出的用户画像？你可以加入学习者日常生活中的小故事，让他们的形象变得栩栩如生。他们平时都做些什么？喜欢做些什么？经历过哪些苦痛？这一部分没有固定的模板，你需要巧妙地编写出令人信服的过往经历。需要注意的是，要确保其中的内容与学习体验有关系。举个例子，我之前曾为一所特殊教育学校的学生们编写过一个小故事，当时我的设计目标是为他们打造一套数字化的学习平台。在这个故事中，我重点描绘了他们在学校里遇到的困难，以及他们在课内外喜欢和擅长的事情。这样既能呈现学生们全面真实的形象，也让接下来的设计具有明确的方向。

在完成基础信息和故事设定后，是时候考虑添加一两个额外的特征信息了。想要添加哪种特征信息完全取决于自己，也取决于你设计的类型。选择出符合你需求的特征信息（见图7.1），你的用户画像就完成了。

在最终确认用户画像之前，你可以先把画像给其代表的真实群体过目，听听他们的

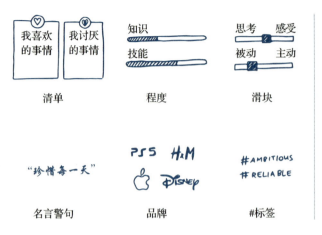

图 7.1 在用户画像中加入符合项目特色的特征信息

反馈。如果他们能在用户画像中看到自己，并且认为合情合理，那就说明你的工作已完成。如果他们无法产生共鸣，你就需要借助他们的反馈来进一步完善设定。及时测试用户画像能够确保你走在正确的道路上，特别是在涉及如年龄、性别、国籍及文化等敏感的话题时。

用户画像的真实案例

我大部分工作的重心都是在支持来自世界各地的学习体验设计师，因此我需要了解他们是谁，他们来自哪里，以及他们想获得什么。

我和团队打造了代表学习体验设计全球化社区的三种用户画像（见图 7.2、图 7.3 和图 7.4）。每一个用户画像都能反映出这一类群体的学习体验设计需求和目标。拥有这些用户画像，给打造相关课程、设计学习体验设计网站（LXD.org），乃至组织学习体验设计活动等工作提供了极大的帮助。这三个用户画像均是基于过去几年我们从网站分析、学员反馈、参会者填写的调查问卷，以及与全球社区成员进行的密切交流、访谈中收集到的信息创造出的。多亏了这些定量与定性的信息、丰富的数据资源，才能使我们创造出还原度极高的用户画像。

图 7.2 初级学习者是最大的学习群体

埃丽卡·博斯曼
新手

"没有两个学生是相同的。他们每个人都是独一无二的，这也是与这些孩子一起工作的特别之处。"

年龄： 49
地点： 荷兰，阿默斯福特
职业： 小学教师
教育背景： 帕博，
　　　　　 教师培训
家庭： 和伴侣及孩子一起生活

目标
了解 LXD 是什么
找到保持学生参与度的新方法
从其他人 LXD 的实践中获得启发

挑战
我不明白 LXD 对我和我的工作意味着什么
二十多年来，我的教学方式并无更迭

个人简介： 我从事教育工作已经 20 多年了，我注意到传统的教学环境丝毫没有改变。我不认为自己会在不久的将来更换工作，但我还是希望看到一些改变。除了教书，我还喜欢遛狗以及和丈夫去野营。

关于学习体验设计（LXD）： 我想我在 Linkedin 上看到过一些关于学习体验设计的内容。我不太清楚那是什么，也不知道自己是否想多了解一些。虽然我一直在寻找改进传统教学的方法，但我的工作已经很忙了，我不确定自己是否有时间进行尝试，并说服我的同事加入我的行列。我可能会在 Linkedin 上搜索一下 LXD 是什么，看看能否找到一些资源。

LXD 水平：		
初级	中级	高级
在 LXD 社区中的角色：		
观众	积极学习者	贡献者
LXD 的应用：		
后期主流	前期主流	早期实践者
影响区域：		
本地	全国	国际

兴趣爱好：

阅读　　观看　　收听　　购买　　运动

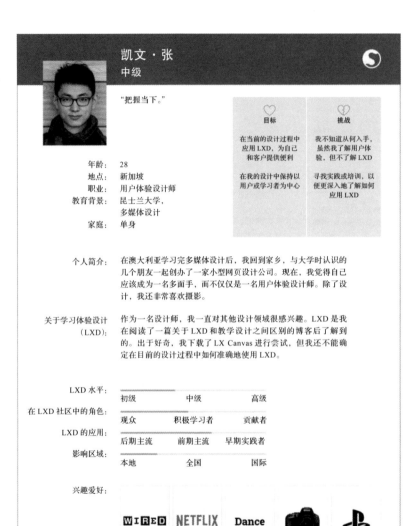

图 7.3 中级学习者的活跃程度较高

杰西卡·卡尔伯特
高级

"我天性好奇，总是喜欢尝试新鲜事物，希望弄清楚它们是如何运作的。"

年龄：	41
地点：	美国，旧金山
职业：	学习体验设计师
教育背景：	华盛顿大学，学习科学
家庭：	和伴侣及两个孩子一起生活

目标
- 终身学习
- 对他人的生活产生积极影响
- 为 LXD 的发展做出贡献
- 积极参与全球 LXD 社区

挑战
- 缺乏同事的理解和支持
- 新思想和技术在学习中的接受速度缓慢

个人简介： 我目前在一家跨国公司的人力资源部担任项目负责人。我们的业务涉及在线学习、混合制学习项目等，我平时会与设计师、开发人员团队一同合作。工作之余，我喜欢和家人在一起，闲暇的时候看很多书（小说和非小说），并尝试通过跑步保持活跃的生活状态。

关于学习体验设计（LXD）： 大约三年前，我发现了学习体验设计，这对我来说真是眼前一亮。我一直喜欢将我的科学背景与更具创造性的方法相结合。我的同事们往往有不同的看法，因为他们不太愿意接受改变。这就是为什么我喜欢在学习体验设计会议上遇到志同道合的人。知道我不是唯一一个这样的人，令人感到欣慰。我希望能看到更多关于（优秀）学习体验设计如何运作的科学证据。

LXD 水平：	初级	中级	**高级**
在 LXD 社区中的角色：	观众	积极学习者	**贡献者**
LXD 的应用：	后期主流	前期主流	**早期实践者**
影响区域：	本地	全国	**国际**

兴趣爱好：

阅读　　观看　　收听　　购买　　运动

图 7.4　高级学习者的需求显著不同

图 7.2～图 7.4 所示的三种用户画像，主要是以他们在学习体验设计领域内的专业程度（初级学习者、中级学习者和高级学习者）进行划分的。这三种画像共同且真实地代表了整个学习体验设计社区。仔细来看，每一个画像都准确抓取了学习体验社区中不同成员的需求。

作为学习体验设计的专业培训机构、活动策划者和推动行业发展的中坚力量，我们借助这些用户画像来提供更加有针对性的服务。这也使得我们能够巧妙地根据不同的应用场景对学习体验设计网站的架构进行组织和优化。

例如，以初级学习者的用户画像为例，他们代表的是社区中占比重最大的一群人，他们主要关注的是学习体验设计的定义、基础知识以及学习体验画布。于是，我们就根据他们的需求，将这些信息安排在页面上更容易找到的地方，并且效果明显。当你查看页面的最高访问率时，你会发现这些正是用户访问最多的内容。

共情地图

对于学习体验设计师来说，共情可以说是一项必备的技能。唯有如此，你才能够洞悉学习者的内心世界，通过他们的眼睛看世界。

为你的学习者打造共情地图，可以锻炼你对他人的同理心并且提升你的设计品质。

与他人共情并不是一种天赋，而是一种能力。共情是一种可以通过练习来提高的技能。每一次研究学习者都能够提高我的共情能力。要对他人形成深深的理解，尤其是那些你会为之设计的目标人群。同时，这也是设计过程中无穷无尽的乐趣的源头，令人欲罢不能。充分理解人群的多样性和独特性理应是你设计和设计过程的中心。

以共情地图为工具

共情地图首先出现在由戴夫·格雷（Dave Gray）设计的以人为本的工具箱中。之所以创造出这个工具，主要是为了帮助设计师以感同身受的方式深入理解设计对象。经过数年的发展，共情地图也在不断演化和改进，已衍生出针对各种特定人群的版本。例如，针对手机 APP 用户，去超市买东西的客户，或者在医院看病的病人。

尽管我们也非常喜欢经典版本的共情地图，但是对于学习者来说这可能并非最佳选择。这也正是我要创造专门针对学习者的共情地图（见图 7.5）的原因。

如果你对经典版本的共情地图比较熟悉，很容易就能发现其中的相似之处。当你进一步观察时，你就会发现其中几个明显的调整使得这个版本更适合学习者。首先，这四个格子都被分切为两个三角形，每个三角形都有一个问题来回答关于学习者的情况。当你回答了所有的八个问题后，你就能对学习者是谁以及他们的感受有一个整体且细致的了解了。

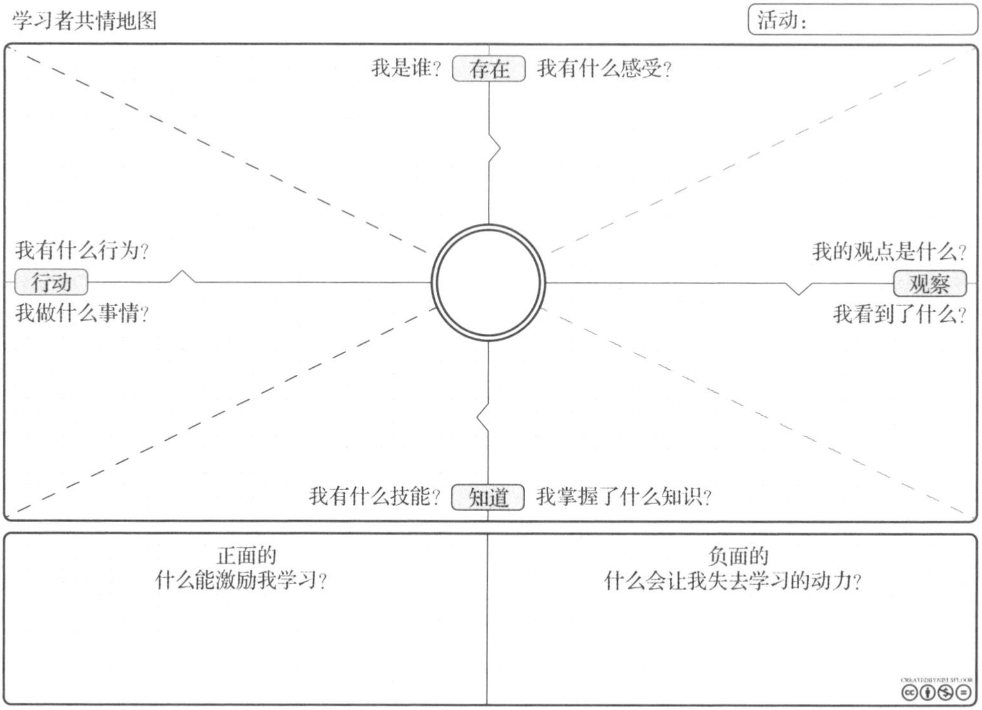

学习者共情地图　　　　　　　　　　　　　　　　　　　　　　　　　活动：

- 我是谁？ 存在 我有什么感受？
- 我有什么行为？ 行动 我做什么事情？
- 我的观点是什么？ 观察 我看到了什么？
- 我有什么技能？ 知道 我掌握了什么知识？

正面的
什么能激励我学习？

负面的
什么会让我失去学习的动力？

图 7.5　共情地图（由 Niels Floor 创作）

完成共情地图

很明显，要想完成共情地图，你需要亲自与目标学习者积极互动。假设你现在就在和学习者交流，你需要清晰地知道学习者想要和（或）需要达成的学习成果。

例如：这名学习者想要学习如何在一大群观众面前做一场精彩的演讲。她期望的学习成果包括提升自信心、启发其他人，以及成功完成演讲。

在共情地图的右上角写下日期和本次会议的名称。

例如，2022 年 9 月 15 日，演讲项目：……

首先，提出第一个问题，"我是谁？"（"你是谁？"）这个问题相对比较简单，答案通常就是具体的事实信息。

例如，詹妮弗·邓肯，35 岁，生活在美国波士顿，是 Cisco 公司的财会经理，三个孩子的母亲。

现在，请按照顺时针的方向回答其他问题。请务必将每个问题都和期望的学习成果紧密关联在一起。

以"我现在的感觉如何？"这个问题为例：

你现在对于演讲有什么感受？可能的回答是："这让我压力很大，因为我在一大群人面前讲话不是很自信。"

回答完这些问题后，梳理出能够引导学习者取得成功的积极因素，以及阻碍学习者实现目标的消极因素。绝大部分答案可以在之前回答过的问题当中找到，如有需要补充的信息可以专门询问学习者。

例如，消极因素：害怕公开演讲（来自"我现在的感觉如何？"的提问）。

积极因素：我希望自己能整体上变得更加自信。

最后，在共情地图的中心为学习者添加一张照片。如此一来共情地图就完成了，像这样把所有信息都展示出来，能够让我们的注意力始终围绕着学习者的需求，不容易忘记，同时也让感同身受变得更加直观。

需要了解的重要事项

虽然说按照上述步骤做就能把你带入正轨，然而还是有几个关键点是需要铭记于心的。

首先，共情地图只是一个工具，你如何使用它决定了它能否发挥决定性作用。例如，你能有多么深刻的领悟与洞察、你能在多大程度上和学习者共情。同时，要想用好这个工具也需要投入一定程度的时间和精力。

其次，你不仅可以在一开始的设计研究阶段使用共情地图，在其他不同阶段也可以灵活运用。比方说，你可以利用共情地图让学习者反思真实的学习体验。

最后，人是会变的，共情地图也要跟随人的变化而适当调整。只有在你确定使用的那一刻，共情地图上的信息才算数，所以不要害怕定期更新你的共情地图。

共情地图的真实案例

我曾经为全球领先的涂料企业阿克苏诺贝尔公司（AkzoNobel）设计过一个有关色彩理论的在线课程，共情地图就派上了用场。阿克苏诺贝尔的业务遍布全球 150 多个国家，也就是说，他们的员工来自世界各地。因此，我希望先了解一下不同文化之间的相似和差异之处，这样才能更好地了解学员，其中共情地图发挥了关键作用。

具体来说，在某些国家，分公司的管理方式更加层级化。这在很大程度上会影响员工的学习体验。比方说，一名员工可能是被上司强制要求去上课的，而另一名员工则可能是自发的；有些员工要在自己的空闲时间学习，而有些员工则必须在工作时间内完成课程。晚上在家学习与白天在办公室学习，学习时间与空间的差异也是十分明显的。

图 7.6 和图 7.7 展示了两个虚拟人物，他们分别代表阿克苏诺贝尔公司来自世界不同区域的员工。我们使用共情地图的方式与构建用户画像的过程类似。

这些共情地图也是基于设计研究的，能描绘出学习者是什么样的人，以及对于参与有关色彩理论的在线学习有什么期望。我们的目标是设计出一种不打"乖乖牌"的、耳目一新的、充满挑战及启发性的在线学习体验。所以，关键就在于：学习者们期待从中学到些什么，以及他们会对自己不熟悉的事物有何反应？

图 7.6 中的共情地图描绘了来自巴西圣保罗的克拉丽莎（Clarissa）的故事。她是被迫参与这个在线学习项目的，所以她并没有什么特别期待。对她来说，色彩理论听上去有些枯燥乏味，因为她偏好实用性、应用性强的知识。但是她同时又非常热爱自己的工作，对色彩这件

事还是挺感兴趣的。后来,她发现这次的在线学习和之前预想的不一样。在深入学习的过程中,她也慢慢找到了感觉。

图 7.7 则反映了来自英国伦敦的丹尼尔的感受。这位年轻有为的员工自愿参加在线学习课程,并下决心要好好学习以取得高分。虽然他在色彩理论方面知之甚少,但他对学习的热情有目共睹。丹尼尔喜欢挑战,不愿意浪费时间。他刚开始就对课程的丰富性颇感意外,因为这与他对(无聊的)在线课程的预期大相径庭。虽然这个意外并不是件坏事,因为课程提供了更多的额外信息,能够让他深入了解更多内容。

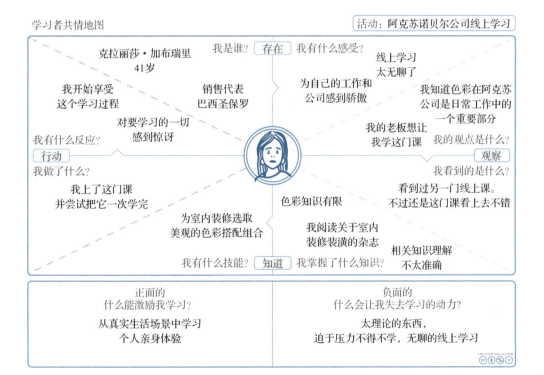

图 7.6　觉得在线学习单调乏味的克拉丽莎的共情地图

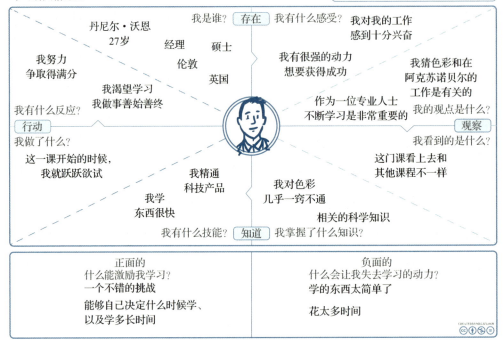

图 7.7 喜欢挑战的丹尼尔的共情地图

借助克拉丽莎和丹尼尔的这两张共情地图，我、我的团队及我们的客户，都能更好地理解设计对象，感受他们的内心世界，从而更好地去支持他们的学习。比方说，我们会设身处地地为克拉丽莎着想，借助现实生活中的真实场景，将理论尽量与实际相结合；对于丹尼尔，我们为他提供深度挖掘颜色理论的机会，满足了他认真学习的需求和希望出色完成每一个学习模块的积极性。了解到底是什么在驱动或者阻碍学习者前进，有利于设计出更出色的学习体验。创建共情地图能够帮助你为学习者量身打造学习体验，实现期望的目标。

体验地图

想到一家你非常喜欢的公司。我猜猜，你喜欢的大概率已经不仅限于他们的产品或者服务了，而是他们提供整体的客户体验。

打动你的点可能是，便捷的配送服务、为你提供了有价值的建议或者一流的客服体验。实际上，很多公司会用体验地图来分析和优化他们的客户体验。那为什么不把这个方法借鉴到教育领域来呢？

体验地图这个概念最初是服务设计领域提出来的，旨在通过理解客户的全流程体验来优化决策，例如找到他们喜爱（或厌恶）的体验环节，在需要的时候对服务进行整改。这种既能让客户开心，又能让公司成功的策略实属一箭双雕。对任何一所学校来说，为学生提供一个出色的学习体验肯定是首要任务，那为什么不借助体验地图来让其成为现实呢？事实上，你完全可以。不过需要注意的是，将体验地图用于学习体验设计中还是稍有不同的。

任何一家公司肯定都希望客户满意，因为只有客户满意了才会购买更多的商品。然而，客户满意并不等于学习者满意。例如，你可能会想把购物流程做得尽可能简单、便捷。但是，学习并不是一件越轻松就越好的事情。学习新知识必然会让你离开舒适圈，实际上，只有面对挑战时，你才能真正有所进步。不过买东西肯定就不一样了。试想一下，如果让买一双鞋子也变成一个挑战，能不能卖出去就祝你好运了。

买一台电视机和学习物理本质上是两码事。学习物理的过程通常更为复杂，学习不仅需要花费更多的时间，还要有其他条件的配合。虽然有些客户从有想法到下单的购买路径可能相当曲折，但是在学习路径面前，就可谓是小巫见大巫了。实际上，保持体验地图尽可能简单而不过于简化，这本身就是个不小的挑战。

体验地图通常用于分析当前的客户体验，以便你可以确定哪些地方还可以做得更好，是一种分析型工具。同样的，这个方法也适用于已有的学习体验。倘若，是想要设计一种全新的学习体验呢？那么它就变成了一种绝佳的设计工具。使用这个工具可以让你的设计变得更加直观，更容易预测到现实中可能出现的问题。

当你为一个学习体验绘制地图时，学习之旅，或者说学习路径就会变得一目了然。显然，刻画购物体验与学习体验肯定是不一样的，但还是可以从中有所借鉴。如果你愿意尝试融入或者微调一些特定细节，那么你就能够勾勒出学习体验地图。

绘制学习体验地图

首先需要明确的是，你的任务到底是去剖析一个已有的学习体验，还是去打造一种全新的学习体验？就自身而言，作为一名工作重心本身就是创新学习体验的设计师，我主要的职责是后者——设计新体验。尽管这种操作方式与前者稍有区别，但是无论哪种情况，你都可以按照接下来的步骤进行。如果你正在打造一个新体验，你可能会发现自己在第二步、第三步和第四步之间跳来跳去。这是正常的，你会在一次次迭代中完善你的设计方案。

做好研究

打造一个学习之旅要始终以研究为出发点。特别是当你分析一个已经存在的体验时，研究的内容主要围绕着参与这场学习过程的人们，观察他们做了什么、揣摩他们在想什么，以及分析他们学到了什么。当你设计一个全新的学习体验时，也要像研究参与者那样去重点关注学习者的情况。

设计大纲

学习之旅以一个水平方向的横轴和一个垂直方向的纵轴展开。我们先从代表时间的横轴开始。首先在横轴上规划学习之旅中的几个关键的阶段，搭建起一个基本的整体架构。细节可以后续再添加。需要强调的是，所有阶段都必须包括在内，即使是那些不直接涉及学习活动的阶段。下面举个例子来详细说明。

假设现在有人打算报名一门在线课程。在注册之前的第一阶段，这个人需要进行购买决策。第二阶段才是真正开始上课。这之间会涉及一系列操作，比如付款交易、注册账号，以及创建个人资料页等。虽然这些并非刻意设计的学习活动，但它们是整个学习体验的重要组成部分。

另外，每个阶段都应当设有一项学习成果。这些成果可以显示学习者在每个阶段能获得什么，以及这对他们来说有什么意义。每个阶段都会设有不同的学习活动，通过这些活动，学习者应该能够达到预定的学习目标，从而获得他们期待的学习成果。一旦你能将各个阶段按照时间顺序规划出来，你就拥有了一份学习之旅的大纲。

选择需要的元素

现在我们来看一下纵轴。纵轴主要展示的是学习体验中的具体组成部分，例如参与者、具体的学习活动、学习的场所等关键信息。

如果说商业客户之旅的基本构成是渠道、接触点，客户做了什么、想了什么、看到了什么，以及感受到了什么，那么我认为学习体验地图中对应的就是学习成果、学习目标、参与者、场地、可用资源和活动等。你可以从学习体验画布或者客户体验地图中自由选择想要添加的任何元素，打造你理想中的体验地图。

我强烈建议你把学习者的情绪状态考虑在内。学习者的情绪体验在整体的学习体验过程中十分关键，因为情绪会极大地影响人们对于体验的感知。

你需要把所有这些元素以相对实际的方式进行组织。比方说，有一名学生、一位老师和一位专家来参加同一个体验，你希望他们能够挨得比较近，这样你就能够轻松观察他们之间的互动了。又或者，你希望将活动都安排在同一个场地，那么你可以把场地这个元素放在最下面，因为它对于学习之旅的整体影响并不明显。

完成地图

一旦你定下来所有需要的元素、明确了各个阶段后，接下来就是把完整的体验呈现出来。在这个水平方向的横轴和垂直方向的纵轴的坐标系内，你会得到一个格子图。格子图中的每个小格子都会告诉你，在这一时刻会发生些什么。

随着格子图逐渐填满，你将会对体验有一个更详细的感知。在这个时候，你可能会发现，其中哪些环节行得通、哪些行不通。切记，这里所有的元素都是相互关联的。你可能会发现，原本选中的地点并不适合某个特定的活动，或者学习者的情绪状态要求我们花更多的时间去创造一个更理想的学习氛围。

这正是创建学习之旅的意义所在：深入洞察学习者在学习过程中的每一步经历，以及这些不同的元素是如何影响整个体验的。当你改变其中一个条件时，其他的条件也会由于彼此的内在关联而发生改变。

你可以根据自己的需求，打造一个或大或小、或简单或复杂的学习之旅，只要这个体验地图能够让你清晰地看到整个学习过程，以及事情将会如何随着时间发展的全局。

学习体验地图的真实案例

下面介绍的第一个案例是来自之前我们为中学生设计的一个项目，主题是家庭日常看护（见图 7.8）。

思考这样一个问题，如果家庭中有需要你去护理的成员，是否多多少少会影响你的生活？作为年轻人，独自承担护理长期卧床不起的母亲、酗酒的父亲或者身体残疾的兄弟的责任，是一件极具挑战性的事情。要想兼顾自身和他人的心理状况并不容易，这也正是我们设计这项学习体验的初衷所在。

在第 8 章中我们会深入探讨这个项目。在这里，我希望先聚焦于如何创建体验地图。如果你想获取更多关于这个项目的详情，请直接阅读第 8 章。

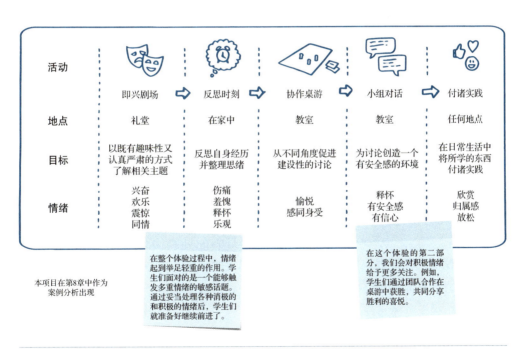

图 7.8 家庭日常看护项目的学习体验地图

这张学习体验地图中凸显出三个关键因素：

- 第一，它融入了丰富多元且独具特色的活动，如即兴表演与棋盘游戏等，而且每一项活动都为此次体验量身打造，环环相扣，融为一体。
- 第二，这个过程中的各种情绪变化跌宕起伏，客观真实地描绘出这些情绪是至关重要的，无论情绪积极还是消极，我们都应本着尊重的原则，选择恰当的方式去处理各种情绪，并让学生们懂得这对于自身的成长来说不可或缺。
- 第三，对学生们而言，合理安排时间至关重要。因为学生们需要有充足的时间去理解和消化所有的信息，在准备好后才能前进。因此，我们对活动的顺序和时长都经过了深思熟虑和实际测试。

这张学习体验地图相对简单，可以迅速完成。学习体验地图可以帮助我们为客户、老师和学生将整个学习体验展现在眼前。这足以帮助我们更好地设计活动的细节，以及打造更出色的整体感。

让我们回到第 6 章提到的为阿克苏诺贝尔公司设计在线学习色彩理论的案例。我们将克拉丽莎与丹尼尔的学习体验画了出来（见图 7.9）。丹尼尔已经迫不及待地想开始学习，相比之下，克拉丽莎则显得兴致不高。

这里我附上了克拉丽莎的学习之旅，相比之前那个例子，这张体验地图包含了更多信息。你可以看到学习路径、学习目标、活动、人员、情绪、会使用到的媒介工具，以及活动地点。

在这个例子中，学习目标占据了主导地位，主要的学习目标都一一列举出来了。其实，每个学习目标都可以被细化为更小的学习目标，不过这对于地图来说就太过详细了。

正如你所见，洞察、知识、技能和行为被提到了两次。这很好地吻合了体验式学习的宗旨。参与者的学习不仅仅是获取知识或者技能，还包括开阔视野和改变行为方式。当你把克拉丽莎参与在线学习之前和之后的行为进行对照后，你会看到明显的改变。

学习者旅程　　　　　　　　　　　　　　　　　活动：阿克苏诺贝尔公司色彩线上课程

学习路径	线上学习之前				线上学习期间						线上学习之后	
	行为	邀请	洞察	问答	知识	技能	行为	洞察	知识	技能	行为	邀请
学习目标	我做这件事只是因为不得不做，我并不期盼做这件事	克拉丽莎的老板让她注册并学习这个线上学习单元	色彩搭配在我的生活中不可或缺	回答有关色彩的有趣的、别出心裁的题目	我知道了什么是色彩，还理解了不同的颜色系统	我可以用三基色调配，并调出二元、三元混合的颜色	我了解了色彩对我的个人影响和文化内涵	我看到的色彩不是一成不变的，而是受很多因素影响的	我知道如何感知我们是如何感知色彩的了	我能够分辨出暖色和冷色	我对色彩感到十分兴奋，我很想把这份热情分享给别人	邀请和大家分享学习经历，拉着同事一起报名学习这门线上课程
学习活动				科学知识 了解光线、观察者、物体这三者分别如何决定我们看到的是什么色彩		颜料 用不同的颜料罐调出特定的颜色	照片 选一个自己喜欢的颜色的物体并拍张照片，在公司内网上分享	室内装潢 在一个室内空间中通过改变环境条件来观察色彩会发生怎样的变化	科学知识 研究影响我们感知色彩的各种因素的例子	运用滑块 通过调整滑块来了解暖色和冷色的效果		
👥 人员		克拉丽莎的老板		克拉丽莎								克拉丽莎的同事
♡ 情绪	并不感到兴奋		惊喜	好奇			开心				兴奋	
🖥 媒介			计算机				照相机 公司内网					
📍 地点	办公室		家中				户外	家中			办公室	

图 7.9　在线学习项目的学习体验地图

学习路径为学习体验提供了一种通用的表达形式。其中，学习活动帮助学习者达成他们的学习目标。把人们放在活动和情绪之间，这样你就能在这两者之间同步观察，看到他们在做什么及感受如何。在克拉丽莎的例子中，一开始她被老板要求去上在线课程的时候，完全提不起兴趣。倘若我们的设计成功，在她完成课程时，整个人应当是兴高采烈的。另外，这个课程的设计目标之一，是希望学习者能够分享他们的体验，将这种兴奋之情传递给其他同事，由此引起他们的好奇心进而主动报名。

参与人员、媒介工具，以及活动地点并不会频繁变化，这是这些地方相对空白的原因。你只需要加入或者删除那些经常变化的内容就行，这样就不用每次重复相同的内容了。

看看这一段学习之旅，再对比一下之前的例子，你就会清楚地发现学习之旅并不存在某一种绝对的形式，也没有长得一模一样的标准答案。正如每一次的体验都是独一无二的一样，每一段学习之旅也都各具特色，就看你是否能找到最适合你设计的形式了。

选择合适的工具

对任何领域的专业人士来说，合适、顺手的工具永远都是必不可少的存在。如何选对工具，需要一些经验的积累；如何用好工具，更需要丰富的实践和不断的尝试。本书介绍的所有工具，都需要你投入时间去理解、学习和掌握。

像学习体验画布（LX Canvas）、用户画像（Personas）、共情地图（Empathy Maps）及体验地图（Experience Maps）这些既有广度又有深度的工具，初看之下很容易低估它们的实力。我非常推崇这些工具，但是我必须承认，使用这些工具的人比工具本身更重要。一个好工具，如果落到设计能力欠佳的人手中，使用效果也往往差强人意。你以怎样的方式使用这些工具，这些工具便会以怎样的结果回馈给你。运用这些工具去发挥和锻炼自己的设计才能吧，尽可能地发挥你的创造力，只有这样才能物尽其用。

第 8 章

This Is Learning
Experience Design

案例研究

设计绝不仅仅是简单地组装、排序或编辑：它的意义在于赋予价值与意义，在于启发、简化、明晰、调整、尊严化、戏剧化、劝诫，甚至是娱乐化。设计，就是将平凡的散文变为传颂的诗歌的过程。

——保罗·兰德（PAUL RAND），设计师

掌握学习体验设计的最佳方式之一就是看理论如何与实践相结合。因此，我挑选了三个真实案例来展示学习体验设计如何落地。

通过本章的真实案例，你将会了解设计流程该如何一步步地展开，以及在过程中该如何运用学习体验画布。尽管我是在不同章节分别介绍了这些内容，但是你很快就会看到，在实际应用中，学习体验画布和设计过程是密不可分的。

每个真实案例都依照第5章介绍的设计学习体验的步骤：

- 提问。
- 研究。
- 设计。
- 开发。
- 测试。
- 启动。

随着我们逐一推进设计过程中的各个环节，学习体验画布上的每个元素也会被一一提到。但请注意，并不是每个案例都涉及全部元素。我希望突出最重要的部分来解释说明设计过程中的关键时刻和重大决策。

下面三个真实案例分别涵盖了三种截然不同的学习体验，充分展现出学习体验设计的多样性和学习体验画布的适应性。所有案例均由我本人及我的塑造者团队亲自设计、共同策划。

案例一：引人入胜的在线学习

如何将一个枯燥无味的在线学习课程，转变为一段引人入胜的学习体验？这就是第一个案例的主要挑战。

想象这样一个场景，假如一名银行员工在不明真相的情况下，为涉嫌洗钱的组织或者恐怖分子提供贷款，将会引发什么样的后果？显然，这种行为对于银行乃至整个社会都将造成严重的危害。

为了避免类似情况的发生，某投资银行希望我们帮他们设计一系列名为"反洗钱与反恐怖主义融资"（AML-CFT）的在线学习模块。他们的员工必须明明白白地知道，当怀疑可疑风险存在时，应当警惕什么，以及该如何应对。

就这个话题而言，掌握最新的知识固然重要，但并不充分。我们关注的重点，应当放在那些能够保障银行及其客户安全的行为习惯和行动方针上。

作为跨国金融领域的重要一员，这家银行致力于内部员工的职业发展。在这方面，在线学习无疑发挥了至关重要的作用。虽然，我们并不是一家在线学习机构，而是学习体验设计师，但是我们决定挑战一下在线学习，并设法用创新去深化员工培训效果，让他们有更深切的学习体验。

我们给出的方案立刻引起了客户的重视，因为这完全超出了他们的预期。我们不仅战胜了可预见的挑战，还取得了理想的成果。事实证明，在设计过程中紧密合作、支持引导是成功不可或缺的要素之一。

提问

你能否为我们重新设计"反洗钱与反恐怖主义融资"在线学习课程，使其更具吸引力、更引人入胜、更加有效？

客户需求

当我们的3000名员工怀疑存在洗钱或恐

怖主义融资的行为时，具备果断采取行动的能力和意识。

学习成果

在设定学习成果时，我们着重考虑了学员在完成该课程后可能的思考方式、感受及行为方式。

研究

反洗钱与反恐怖主义融资无疑是一项具有挑战性的重要议题。之前的在线课程内容繁多且理论性强，于是我们就银行员工会遇到的实际情况进行了研究，从而弄明白学习什么能够帮他们有效地识别潜在威胁，并防止洗钱和恐怖主义的融资行为。

学习目标

洞察：明白洗钱和恐怖融资的威胁是存在的，这可能对自身、所在的组织，甚至整个世界造成危害。

知识：理解洗钱的流程，并知道这些手段如何被用于融资犯罪活动和恐怖主义。

技能：当怀疑风险存在时，会发出风险警告。若怀疑成立，将立即采取行动。

行为：时刻保持警惕并积极响应，银行员工是反洗钱与反恐怖主义融资的第一道防线。

人群特征

在一家拥有超过 3000 名员工的金融机构中，你会碰到形形色色的人。尽管他们在教育背景和专业领域有相似之处，但是他们每个人的特征也非常明显。对我们来说，首要任务是帮助那些对这方面不太熟悉的新员工入门，而对于经验更丰富的老员工，我们也会保证学习内容的持续更新。

设计

我们设计了一个以故事为抓手的互动体验，你的每一步前进、每一个决定都会推动故事的发展。这样充满互动的设计一下子就让枯燥无味的内容变得生动起来，让学习者感到既真实又具有参与感。

此外，这种形式的设计，还成功地让我们将那个人见人厌的"下一步"按钮从在线学习中消失了。

开发

我们分两步开发了一个原型。首先，我们使用 Adobe XD 和 Adobe Illustrator 绘出了故事板，以更清晰地设想每个模块。

接下来，我们使用 Articulate Storyline 360 测试了一套互动式原型设计。在这个案例中，客户要求我们使用 Articulate Storyline 360，这既是一种资源，也是一种限制。

测试

虽然我们无法亲自前往客户的测试现场，但是可以从参与测试的学员那里获得反馈。在学员与原型进行交互时，我们进行了远程观察。

测试结果十分明确：他们喜欢这种全新的设计和参与互动的方式。他们也表示，如果开始前多一点解释说明会更好。他们还说，因为"下一步"按钮被删除了，他们需要稍微习惯一下新设计。由于我们的方案属于非常规设计，我们又开发了好几个原型产品，进行了一些改进，开启了第二轮的测试。

启动

经过多轮迭代、与客户的数次会议以及两轮测试之后，我们准备上线了。当然，我们提供的是一个 SCORM 文件，然后将这个文件上传到学习管理系统中。在上传前，要进行认真检查，确保一切万无一失。

结果

学习者给出的反馈令人振奋、一致好评："这个课程互动性很强，能激发学习兴趣。我学习的过程充满了乐趣，绝对超出我当初的预期。"

"我这一生中上过很多在线课程，但这个无疑是我接触过的最优秀的一门。设计理念令人眼前一亮，呈现的完成度也是首屈一指的。"

"恭喜你们！对于这样严肃的主题也能创作出趣味十足的课程实属不易。体验非常愉快。"

学习者都积极地完成了我们设计的学习模块，他们很喜欢这种互动方式，也非常认可这样的理念。那些上过之前版本的在线课程的参与者更是感到惊喜，相比于老版本的在线课程他们显然更喜欢这一版的在线课程设计。

经验总结

这个项目是我们为新客户做的第一个项目。起初，我们希望打破常规，设计一个与众不同的方案，这在项目初期还是遇到了一些阻力。但是我们通过以下方式，成功地将客户的抵触心理变成了对创新的热情：

- 邀请客户参与设计过程。
- 与客户分享用户测试的结果。
- 为客户拿出一个经过实际测试、口碑极佳且深受学习者喜爱的学习体验。

要将一个内容繁多且千篇一律的学习模块改造成别具一格的学习体验，的确是个挑战。这需要专业领域的专家以及设计团队均投入大量的时间与精力。是将内容简单粗暴地搬到幻灯片上，还是转变为一个巧妙构思的交互式故事，这个决定无疑会影响最终效果。当然，这二者之间的工作量也是天壤之别。不过在我们眼中，这是一项有趣的挑战，而且正是因为客户与学习者的积极参与，才使这一切变得与众不同。

案例二：具有教育意义的休闲游戏

像我这样的荷兰人，对于骑行的热爱不亚于对手机的痴迷。然而同时做这两件事情，不仅听上去非常糟糕，而且在生活中也屡屡出现。是时候改变这一现象了！

不难想象，一边骑车一边玩手机，听上去就不太安全。分散注意力会大幅度提升发生事故的概率。特别是那些每天都骑车，却习惯性忽略风险的青少年，这一行为无疑更加危险。

这就是荷兰的交通安全组织决定对此采取行动的原因。他们邀请我们采用寓教于乐的方式改变这种行为。如今，我们的设计已经成为他们向学校推广的课程包中的一部分。

正所谓解铃还须系铃人，虽然这听起来有些矛盾，但是我们从问题的源头找到了解决方案：他们的手机。如果青少年群体整天都沉迷手机，那么我们更容易在那里找到他们，并且如果他们喜欢玩游戏，我们可以充分利用这一点。

于是，"Wheelie Pop"诞生了，这是一款休闲游戏，以一种有趣的方式去解决一个严肃的问题。

提问

如何防止青少年在骑自行车时玩手机？

学习成果

我能够清楚地意识到一边骑自行车一边玩手机是一个极其危险的行为。我会尽量把手机放在口袋里，忽略各种手机提醒。虽然这执行起来有些难度，但是我决定在骑车的时候少用手机。

控制冲动的科学原理

那么，该如何锻炼控制冲动的能力呢？这也是来自荷兰拉德堡德大学的科学家们想要深入研究的问题。他们的结论是：停止信号训练（Stop Signal Treatment, SST）。

停止信号训练的原理是，训练人们响应正确的冲动，忽略错误的冲动。具体的训练方式是给你快速展示大量图片，要求你快速进行判断是该响应还是该忽略。通过不断重复这一过程，你会更加熟悉正确的响应方式，也更善于忽略错误的冲动。这与我们所期望的学习成果简直不谋而合！

研究

研究的问题主要有两个：一是为了达到预期的学习成果该设定哪些学习目标，二是了解学习者们都有哪些特征。我们已经弄清楚了该如何训练冲动控制了。所以接下来，就重点关注一下学习者：看看他们是谁、他们需要什么，以及他们有着怎样的偏好。

人群特征

"我知道骑自行车的时候玩手机很危险，但这种悲剧只会发生在别人身上，我不会出事的。"这一观点基本概括了我们要解决的主要问题和面临的挑战。目前看来，青少年们还是可以分清楚事态严重性的，只不过他们往往低估了风险的概率，同时高估了自己的能力。他们会尝试做出一些看似愚蠢的事情，因为他们觉得自己无往不胜。追求好玩的东西，常常做出危险的行为，是这群学习者的关键特征。

设计策略

如果他们追求刺激、喜欢冒险，那么我们可以设计一款同时兼具挑战性和教育性的游戏。

学习目标

就这群学习者来说，他们自己清楚当前的行为存在风险，他们只是没有采取任何行动去降低这个风险。很明显，更多的说教对他们不管用，一遍遍地重复灌输客观事实，类似于"骑车的时候玩手机，受伤的概率会增加40%"，对他们来说，也只是无关痛痒的数字罢了。

这就是为什么，我们更愿意把注意力放到强化控制冲动的能力训练上的原因。同时，我们也希望他们能打心底明白（洞察），同时做好几件事情本身是不安全的。

设计

通常来说，游戏设计比较复杂，包含了角色塑造、关卡设计、游戏规则的设定、故事情节的编排、游戏机制的构架，以及用户界面的呈现等，并且每一部分都必须执行到位以确保整个游戏能"跑起来"。我们编写了一个有趣的剧情，讲述了一个手机公司的 CEO 对青少年进行催眠操纵，使他们对手机上瘾。玩家的任务便是抵抗手机的诱惑，努力抓住 CEO，最终解救你的朋友们。这个游戏的核心机制就是停止信号训练。通过营造出恰到好处的视觉元素和游戏氛围，这款富有教育意义且好玩的手机游戏 Wheelie Pop 就诞生了。

开发

我们使用 Unity 进行游戏开发，同时支持 iOS 和 Android。使用 Unity 可快速地制作出原型产品，这一点很关键，因为游戏的开发过程需要大量的测试。所有的视觉元素则全部采用 Adobe 系列软件来设计。

测试

正如上面提到的，游戏设计包含了大量频繁的测试环节。从最初的原型到最终的成品，你需要不断验证自己的设计决策。我们曾多次前往学校，让学生亲自试玩并进行现场观察。在他们玩游戏的过程中，捕捉他们最真实的动作行为，观察他们流露出的最自然的情绪反应，这给了我们诸多启发。

在这个过程中，我们意识到，对于有些学生来说游戏太难了，而对于其他学生来说又太简单了，不费吹灰之力就通关了。令人遗憾的是，由于时间和经费的限制，我们在将游戏发布上线之前没能来得及修复这一问题。

启动

我们在一所学校里发布了这款游戏，同时邀请了一位荷兰的 YouTube 博主来和学生们比赛，看谁能获得最高分。这种新颖的宣传方式和媒体报道无疑能够吸引更多青少年下载游戏。如果你希望把游戏普及到全部学生群体中，提高他们的认知度显然是极其重要的一步。

结果

评价这个项目是否取得成功的方式有很多种。但其中最关键的一点是，那些玩过这款游戏的青少年是否改变了他们的行为。答案是肯定的、某种程度上的。一家研究机构评估了这款游戏的有效性。他们发现在所有被追踪的玩家中，有 23% 的青少年减少了手机的使用频率。对于那些投入更多时间玩 Wheelie Pop 的学生们，这个数字甚至更为显著。

因为知道自己是通过玩游戏来锻炼控制力的，所以要想取得进步必然要花费一些时间和精力。研究人员也发现，这款游戏对于玩家的安全事故风险意识也有提升，这无疑是一个好消息。

另一种评价成功的方式是看有多少人来玩这款游戏，以及这些人喜不喜欢这款游戏。自 Wheelie Pop 问世以来，其下载量已经破 5 万，玩家们给出的评价也高达 3.5 星（满分为 5 星）。从整体来看，这无疑是个十分成功的项目！

经验总结

通常来说，到了启动这个环节，就已经走完了全部的设计流程，接近尾声了。我们往往认为发布设计无非是最后一个顺其自然的步骤，做了就做了。然而，恰恰是这场发布会让这个项目出乎意料的成功了。

在游戏正式发布后，我们又为游戏添加了一些新功能，以便那些新手玩家更快上手，同时我们又巧妙地保存了对于老玩家的挑战性。此外，我们还更新了更多级别和关卡。因为我们知道，更长的游戏时间意味着更好的冲动控制能力。毕竟，我们的目标是吸引更多玩家来体验，让他们在游戏的过程中提升自己的冲动控制能力。

值得一提的是，在这个项目的设计过程中，我们尝试与多位科学家开展深度合作。无论是从游戏的设计过程来说，还是从评价结果的方式而言，这种合作带来的价值均完全超乎想象。得益于他们的努力与付出，我们才能更充分地发挥设计的作用。

案例三：具有社会价值的严肃戏剧

你知道吗？未成年人担负起看护家庭成员的重任的现象在生活中屡见不鲜，却往往很少被人提及。

成为一名看护者，无疑会对一个人的正常生活产生巨大的影响。特别是对孩子们来说，这个任务尤其艰巨。如果你必须去看护常年体弱多病的母亲、酗酒的父亲或者身体残疾的妹妹，你将会错过很多本该在这个年龄享受的东西。结果就是，这些孩子们常常会感到自己被他人误解，显得格外孤独。

在荷兰，每年11月10日是名为"致敬赡养者日"（Dag van de mantelzorg）的全国性节日。这一天是为了致敬那些自愿照顾身边人的人们。为了庆祝这一天，我们被邀请去为年轻的看护者量身打造一次意义深远的学习体验。

我们的目标是提高更多人对这一话题的关注，以及寻找更好的策略来应对看护者、他们的朋友及被看护人员面临的各种挑战。我们与活动策划专家汉妮克·范·登·布洛克（Hanneke van den Broek）一道，在学校内策划了一系列专项活动。

提问

我们该如何以一种很自然且有意义的方式，在学校里公开讨论年轻看护者这一敏感话题呢？

学习成果

作为一名学生，看护家庭成员是一项挑战，但是这种挑战又不能被他人理解，这无异于雪上加霜。要想就这个敏感话题打破沉默，我们需要一个能够提供支持且充满安全感的环境。

仅仅是聊一聊这个话题显然对解决问题来说只是杯水车薪，我们希望这个学习体验真的能够帮助这些年轻的看护者们、那些被他们看护的人，以及他们的同学们。

研究

在得知有 1/4 的青少年在家里承担了看护者这一角色时，我们感到非常震惊。没想到这种现象竟然如此普遍，却鲜少有人提及，实在是令人感到费解。我们的客户也在设计过程中提供了很多有价值的建议。由于此前已经为荷兰的中学生们设计过多个学习体验，这使得我们更容易站在他们的视角看问题，更能设身处地地体会他们的处境。

年轻的看护者们常常会因为家里的特殊情况，错过很多本该属于这个年龄的东西。他们往往会感到后悔、遗憾、孤单、难过和困扰。

学习目标

洞察：我能够意识到很多学生需要照顾他们的家庭成员，这中间或许就包括了一些我的同学。

知识：我知道未成年看护者们的处境以及他们所面临的挑战。

技能：我能够以开放、尊重的方式去讨论这个话题，努力帮助他们解决现实中存在的困难。

行为：当我的同学是一个未成年看护者或者被看护的对象时，我能够体恤他们的需求，并愿意提供帮助。

设计策略

如果这是一种普遍存在的情况，我们应该默认每个班级里都存在着未成年看护者或者被看护人。因此，我们需要给他们一些时间，让他们自己决定是否愿意以及什么时候向他人坦白他们的处境。

设计

我们知道在这个项目上必须进行一些特殊处理。这个话题非常敏感，而且未成年看护者本身处在一个相对弱势的位置。

我们在项目中可能要去应对大量的情绪问题、普遍存在的无知状态，以及各种各样的误解。考虑到这些，我们构建出了一个学习之旅，你可以返回到第7章查阅。

学习活动

我们设计了三个活动：一场即兴戏剧、一款桌游和一个小组讨论。戏剧将会在学校的礼堂中上演，桌游和小组讨论则会在教室里开展。

过程设计

为了让所有的活动能够顺利进行，我们需要非常精准地拿捏时间。于是，我们设计了一个流程，让学生们可以按照自己的步骤和节奏自愿参与。在开展下一项活动之前，他们也有时间反思和梳理上一段的经历。这对于逐步引导学生们实现学习目标至关重要。

开发

打造这类体验活动的原型是非常复杂的。每项活动都需要独立开发，并且所有的部分都必须磨合到位，才能确保整体运行顺畅。演员们需要被安排妥当，桌游需要设计开发，老师们需要配有详细的指导工具来引导课堂讨论。这一切都必须做到井井有条。

测试

在将原型作为试点项目推出前，我们无法对完整的体验进行全方位的测试。所以从某种程度上来讲，试点项目本身就是最终测试。不过在开发过程中，我们还是对桌游进行了多次测试。即便只是在团队内和同事们进行，快速测试也往往能提供很有价值的反馈。

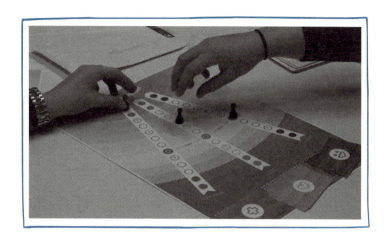

启动

每一次启动试点项目,总是既令人兴奋又让人有一丝担忧。你必须相信自己的设计能力,做好充足的准备,看看事情能否按照预期来发展。此外,你也必须确保所有的参与者都已经做好准备了,贡献自己的力量,一同促成体验的成功。从我们的经验来看,只要你在过程中认真地付出努力,用心去感知、去设计,基本上事情总是会朝着好的方向发展的。

结果

这个试点项目在几所学校同时启动。结果令人欣慰,我们已经能够做到公开且坦诚地讨论看护这一话题了。从这个角度而言,我们和学生们都取得了成功。

借助戏剧这种非正式的表达形式来破冰这个话题,非常自然地打破了大家缄口不提的尴尬,并且激发了同学们的好奇心,效果超乎预料。一开始,大部分学生感觉有些不舒服，但是这种不适感很快就消失了。我们都明白，这种非常规的活动确实会让人感到有些意外，可能需要一些时间去消化和适应一开始出现的犹豫和恐惧，但是很快就好了。

给同学们留出时间消化这个体验，能够为他们接下来的活动做好准备。然后，让他们去玩一款需要与他人合作，以及从不同角度看事物的桌游，丰富整个学习体验。尽管游戏的效果不错，但是仍有改进的空间。

到了这个阶段，当老师们准备在教室里展开讨论时，大部分同学们已经进入状态了。他们已经能够将所学的知识付诸实践。总的来说，我们已顺利地完成了所设立的学习目标。

经验总结

当你的目标和动机明确且纯粹时，尝试新事物定会让你有所收获。当你打算不循规蹈矩、跳出常规去做一些事情时，更要留心你的学习者是谁，以及你的设计会如何影响到他们。

尽管这个项目本身是成功的，但是并没有被大规模推广，原因可能有以下几个：首先，这个事情对于很多人或者学校来说并不是一个会被优先考虑的话题；其次，这个学习体验的设计较为特殊，需要一番努力才能使其奏效，校方和学生都要投入不少的时间和精力，因此不是一个可以拿来就用的简单方案；最后，这种模式的推广有其局限性。你需要安排专门为此项目排练的戏剧演员，以及除非你真的打算大规模推广，否则桌游的制作成本也是相当高的。

进一步优化的话，解决方案可以是一种更容易实施、更快速、更经济的新设计。但在这个过程中，最大的挑战始终在于，在打造全新的设计体验的同时，怎样才能不失去原有设计的独特性和有效性。

另外，我特别想指出的一点是，这个项目是在预算和时间有限的情况下完成的。之所以强调这一点，主要是因为人们对于学习体验设计普遍存在误解。很多时候，你可能会认为打造一次独特的体验需要巨大的投入，但事实并非如此。善于利用资源可以解决大部分问题。同时，人们也常常认为，要想做点不一样的东西，需要投入大量的时间才行。于是为了节约时间，你可能倾向于挑选现成的解决方案，交出一份不会出错却中规中矩的答卷。但是这个项目可以证明，在有限的时间里也可以做很多事情。我坚信，限制反而可以激发创新，化腐朽为神奇。

第 9 章

This Is Learning Experience Design

学习旅程的
下一站是

有时候,正是这个旅程让你对终点有了更深刻的领悟。

——德雷克(DRAKE),音乐人

恭喜你阅读到最后一章。在学习体验设计这条路上，了解了学习体验设计的含义、怎么做以及其重要性。现在是时候考虑接下来该做些什么了！

任何一种经历都会改变你，通常情况下是以微小的方式在潜移默化地改变，但有些情况下是以显著的方式塑造着你。我衷心希望阅读这本书能带给你有意义的、持久的改变。你阅读这本书的方式和从这本书中学到的东西肯定会与他人不一样。正因为如此，我鼓励你稍微花几分钟时间思考一下这本书带给你了什么，以及这些收获如何改变了你。

请拿出一张纸，将你从这本书中获得的主要收获写下来。也许是颠覆了你对学习体验设计的认知，或者是你发现了一些新工具，使自己的工作方式焕然一新。把整个过程当作一次头脑风暴，不用过多思考，写下自己想写的即可。

当你写下收获后，是时候深入剖析一番了。请另外准备一张纸，划分成四个格子。利用这四个格子进行分析，你的洞察、知识、技能以及行为在阅读后有何改变。

将收获的所学所悟进行分类，你可以对自己的成长有一个更全面的了解。你也许学到了更多的新知识，但是行为却并未随之改变。你也可能拓展了自己的技能包，但是观点却依旧如前。在理想的情况下，我们希望在这四个方面都能看到变化。

问问你自己：

- 你有没有从中获得新的感悟，改变了你对事物的看法？
- 所获得的知识是否改变了你思考问题的方式？
- 新学的技能是否能够助你顺利升级自己的工作模式？
- 你的行为习惯是否发生了改变，你能够换一种方式做事吗？

这个小练习主要是希望帮助你意识到自己学到了什么，以及自己发生了怎样的改变。如果你发现在某个或者多个方面还有所欠缺，就可以清楚地知道该从哪里开始进一步提升了。

另外，你的心得可能就是启发他人的灯塔，所以请使用 #lxdbook 标签在社交媒体上分享你的收获。同时你也可以看看别人的帖子，汲取灵感，相互学习。

难以回答的问题

随着你对学习体验设计这个领域的深入研究，你可能会碰到来自客户、同事、上司或者其他人提出的不那么好回答的问题。其中有很多人已经联系过我，希望能够针对这些问题获得一些帮助和指导。

在这个部分，我提供了一些关于学习体验设计的常见问题，希望当你遇到类似的问题时，这些回答能够给你提供一些帮助。

正如学习体验设计还在发展中一样，我自己也在不断成长。如果你在十年前问我这些问题，我可能觉得比现在要棘手得多。那个时候，只是听说过学习体验设计的人就寥寥无几，即便有人真的知道，他们想要了解的也仅限于学习体验设计到底是什么而已。随着更多人了解这个概念，随之而来的新问题也变得多了起来。

事实上，各种问题的出现也从侧面证明了，越来越多的人加入学习体验设计的讨论中来，这是一件令人欣喜的事情。但与此同时，各种观点和想法的出现也造成了一定程度的困惑。学习体验设计横跨多个学科，因此也吸引了各种各样的人，其中每个人都有着独特的背景、职业以及个人经历。例如，来自马德里的小学老师和来自新加坡的交互设计师，他们所面临的情形肯定大相径庭。

或许我还不知道你的经历，但我希望这本书，以及书中列出的问题能够帮助你找到答案，分享你对于学习体验设计的热忱。

- 我招募的都是课程设计师，他们能够高效、快速地完成工作。那么，请告诉我，为什么要招聘一位像你一样的学习体验设计师呢？

你可以这么回答：我的强项在于创造出全新的、别出心裁的学习体验，如果你想要解决的问题并不是常规的方法就能解决的，那么可以考虑雇用我。根据你的需求，也许这种方式更适合你。

- 我合作公司的主营业务是开发在线学习。我猜他们在开发在线课程这方面应该比你更擅长？

你可以这么回答：这是有可能的，不过他们的强项可能同时也是他们的短板。我擅长设计各式各样的学习体验，当然也包括在线学习。从我过去的经验来看，在线学习并非解决所有问题的最佳方案。如果你与我合作，我将会为你提供最适合你和你的学员的体验建议。如果在线学习的确是最适合的方式，我也会倾尽全力为你们打造出令人耳目一新的在线学习体验。如果其他类型的体验更为恰当，我也将据此为你们量身打造。

- 学习体验设计和其他学习领域到底有什么不同？我可听说没什么区别！

你可以这么回答：乍看之下，它们在某些方面确实有相似之处，但当你深挖下去时，你就会发现学习体验设计和其他学习领域相比有着本质上的不同。这或许会让你感到惊讶，但其实学习体验设计并不是一门普通的学科。更准确地说，它是一门应用于学习领域的创新设计学科。利用设计师的视角、方法、技能和工具来打造独一无二的学习体验。学习体验设计为我们打开了一扇新世界的大门，让我们能够用一种与以往不同的、更为创新的方法去解决问题。

- 我很困惑！我看到学习体验设计的招聘信息，其中工作岗位的要求几乎和课程设计师一模一样。

你可以这么回答：是的，你的观察很准确。令人遗憾的是，人们对于学习体验设计的理解还不是很到位，存在着很多误解，而且这些职位说明也没有说的特别清楚。对于很多人而言，学习体验设计还是一个很新的概念，他们往往会把学习体验设计与自己熟悉的领域挂钩，在美国来说通常是课程设计。

值得一提的是，在我居住的地方——荷兰，人们常常会将学习体验设计与"onderwijskunde"联系在一起，这个词如果直译过来，最接近的意思是"教育专业知识"。于是，你就会在大量的招聘信息中，频繁地看到"学习体验设计师"这样的职业头衔，但实际上他们口中的这个"设计师"要做的工作并不是真正意义上的学习体验设计。所以，如果你想要从事这方面的工作，就一定要细心解读工作岗位要求的技能，做好自己的职业规划。

- （团队内）你是学习和发展团队中唯一对学习体验设计感兴趣的人，我真的不太理解，为什么要改变我们现有的工作方式？

你可以这么回答：我对于学习体验设计这一领域确实看好，因为它刚好能完美融合我的创新才能与我对于学习的热爱。我相信我们的团队也可以从中受益——并不是说这个方法就一定更好，而是因为它带来了一种新的可能。如果我们能多几种方法，就有更大概率找到最优解。

- 我已在学习与发展领域钻研多年，最近我刚完成了一个设计思维的课程。这和学习体验设计是一回事吗？

你可以这么回答：我能够感受到你以设计视角看待学习问题的热情。不过请注意，设计思维与成为一名学习体验设计师存在着不小的差异。听上去你对于学习体验设计是非常认真的，所以可以再深入研究一番，不断提升你的设计技能，你一定能发现其中的独特之处！

- 学习体验设计只不过是我们一直以来都在做的事情的"新马甲"、一个潮流术语罢了，不是新概念！

你可以这么回答：显然，我并不同意您的观点，但是我们也没必要就此争论。我更愿意向您展示一些我完成的作品，分享一些我的经验心得，进而让您更深入地了解整个设计过程。

坚定地走下去

本章，我们已经探讨了一些与你的生活紧密相关的问题。但是还有一个问题你需要问自己：接下来该如何走下去呢？答案是坚定地走下去。

每一位学习者的旅程都是独一无二的。你要选定自己的目的地，以及通往那里的路径。

取其精华

将本书作为你前进道路上的助力，启发你的思路，为你当下或者未来的工作注入有价值的专业知识。换句话说，请从书中选择对你有用的内容，取其精华，为己所用。

我曾经培训过很多老师和培训师，他们都希望让自己的学生或者接受培训的人享受到更引人入胜、更具吸引力、更能唤起学习动力的学习体验。有时候，只需要结合一到两项学习体验设计的技巧、工具或者方法，就足以为学习者带来迥然不同的体验。举个例子，当你决定秉承以学习者为中心的设计理念时，就会将关注点从"教"变为"学"，仅是这一个小小的改变就能带来巨大的影响，学习者必然会有所感知并且认可其价值。

或者，你也可以通过我在第6章中介绍的工具来提升你的创新力。请记住，你的设计不需要是完美的，只要比之前做得更好就行。一步一步地优化你的学习体验设计能力，日积月累，你必会看到自身的飞跃。

当然，并不是每个人都要成为学习体验设计师。如果你觉得学习体验设计中的某些部分对你来说有用，那就请尽情使用它吧！如果你的学习者、用户和（或）客户对你现有的工作方式感到很满意，就无须进行大幅度调整。我们需要各种类型的人才：优秀的老师、出色的课程设计师、杰出的教育科技人才、用户体验设计师，以及卓越的学习体验设计师。

全力以赴

当下定决心成为一名真正的学习体验设计师时，这意味着，你将以学习体验设计师的身份，为不同类型的客户提供各种专业的服务。然而，仅通过阅读本书，还无法习得专业学习体验设计师所需要的全部技能。

你需要投入大量的时间去实践，去设计各种各样的学习体验。每一个出自你手的设计、每一次经历的设计过程都将是不一样的。这就需要你博学广闻，成为一位全能型的学习体验设计师。虽然本书会在你前行的道路上为你指明方向，引领你走向目的地，但是真正距离那里，还有很长一段路要走——具体还有多远，取决于你当前的能力水平。正如我们之前讨论过的：你是谁，你来自哪里，决定了你的强项和短板。以此为出发点，你会知道自己还要去学习什么，还要反学习些什么。请你深思熟虑一下，研究一下学习体验设计师要具备的不同品质，以及学习体验设计这个领域的深度与广度，问问自己还需要在哪些方面多下些功夫。

勇于尝试

无论你是立志成为一名学习体验设计师，还是希望通过了解学习体验设计获得启发，我都希望这本书对你有帮助。我希望你能勇敢地去尝试新事物，不要害怕。你永远不知道自己可以走多远，也永远不知道自己的真正实力。

付诸实践

正所谓知行合一，读这本书是一回事，将学到的东西付诸实践又是另一回事。只有把理论应用在实践中，你才会对抽象的文字产生具体的感知、理解它们真正的含义。

我们刚刚讨论了你在学习体验设计之路上该如何选择。很显然，并不是每个人都希望或需要成为一名专业的学习体验设计师。如果你能从中选择一两个点，并把自己掌握的知识应用到改善学习者的体验上，就已经做得很好了。在做选择时，请务必考虑到自己的实际需求，不要仅仅因为我的做法与众不同，就去改变对你来说行之有效的做事方式。当然，如果你确定要加入学习体验设计的职业生涯，我也会为你点赞。

请记住，成为一名设计师，或者是学习一个新的设计领域，都需要投入时间并且付出努力。这个过程没有捷径可走，也绝非易事。但有一点可以肯定，这一定是个有趣且充实的旅程。随着你的设计技能日渐炉火纯青，出自你手的体验品质也会有质的飞跃。这对你自己和学习者来说，都是一种必然的回报。

时至今日，我依然能从我创造的设计中不断学到新东西。我非常享受这个永无止境的学习过程。就像那些永远不会停止钻研和精进自己的演奏技巧、创作新乐曲的音乐家一样，设计师们也总能找到让自己不断提升、创新设计的卓越之路。

请将这本书放在手边。本书的设计初衷就是作为一本陪伴你左右的书，当你需要的时候就拿起来翻翻看。作为一名正在学习如何设计出色学习体验的设计师，你可能会在实践中面临很多挑战，及时翻阅这本书能助你一臂之力。

我将自己超过 15 年的学习体验设计的经验与知识，都倾注在你手中的这本书上。我希望，你能站在我的肩膀上，让我的所学所见成为你成长路上的阶梯，引导你不断走向学习体验设计的精通之路。

希望你享受这个旅程，乐在其中，也感谢你让我有幸成为其中微小的一部分。

请不要停止学习，让学习之光照亮你的人生！